Andrea Hausmann

Kunst- und Kulturmanagement

… Kunst- und Kulturmanagement

Herausgegeben von
Andrea Hausmann

Europa-Universität Viadrina Frankfurt (Oder)

Andrea Hausmann

Kunst- und Kulturmanagement

Kompaktwissen für Studium und Praxis

VS VERLAG

Bibliografische Information der Deutschen Nationalbibliothek
Die Deutsche Nationalbibliothek verzeichnet diese Publikation in der
Deutschen Nationalbibliografie; detaillierte bibliografische Daten sind im Internet über
<http://dnb.d-nb.de> abrufbar.

1. Auflage 2011

Alle Rechte vorbehalten
© VS Verlag für Sozialwissenschaften | Springer Fachmedien Wiesbaden GmbH 2011

Lektorat: Cori Mackrodt

VS Verlag für Sozialwissenschaften ist eine Marke von Springer Fachmedien.
Springer Fachmedien ist Teil der Fachverlagsgruppe Springer Science+Business Media.
www.vs-verlag.de

Das Werk einschließlich aller seiner Teile ist urheberrechtlich geschützt. Jede Verwertung außerhalb der engen Grenzen des Urheberrechtsgesetzes ist ohne Zustimmung des Verlags unzulässig und strafbar. Das gilt insbesondere für Vervielfältigungen, Übersetzungen, Mikroverfilmungen und die Einspeicherung und Verarbeitung in elektronischen Systemen.

Die Wiedergabe von Gebrauchsnamen, Handelsnamen, Warenbezeichnungen usw. in diesem Werk berechtigt auch ohne besondere Kennzeichnung nicht zu der Annahme, dass solche Namen im Sinne der Warenzeichen- und Markenschutz-Gesetzgebung als frei zu betrachten wären und daher von jedermann benutzt werden dürften.

Umschlaggestaltung: KünkelLopka Medienentwicklung, Heidelberg
Druck und buchbinderische Verarbeitung: Ten Brink, Meppel
Gedruckt auf säurefreiem und chlorfrei gebleichtem Papier
Printed in the Netherlands

ISBN 978-3-531-17172-2

Vorwort

Das Management von Kunst und Kultur hat in den vergangenen Jahren ein wachsendes Interesse in der Wissenschaft erfahren. Verschiedene Werke zum Thema liegen bereits vor. Welchen Mehrwert kann dieses Buch Studierenden und Praktikern bieten?

- Die zentralen Rahmenbedingungen von Kunst und Kultur werden kompakt dargestellt,
- der Begriff des Kunst- und Kulturmanagement wird erstmalig in dieser Form diskutiert und abgegrenzt,
- der bedeutsame Unterschied zwischen Steuerungs- und Sachaufgaben des Kunst- und Kulturmanagement wird dezidiert herausgearbeitet,
- die Kernfunktionsbereiche des Kunst- und Kulturmanagement werden strukturiert und komprimiert erläutert,
- die Betrachtung bezieht sich nicht nur auf öffentliche, sondern auch auf private Kulturbetriebe,
- empirische Ergebnisse aus aktuellen Studien verdeutlichen wichtige Zusammenhänge,
- zahlreiche Praxisbeispiele veranschaulichen die theoretischen Ausführungen und dokumentieren die Bandbreite dieses so spannenden Tätigkeitsgebiets.

Insgesamt wird es dem Leser in komprimierter Form ermöglicht, Kenntnisse zum Thema fundiert zu erwerben, aufzufrischen oder zu erweitern.

Die Autorin dankt abschließend den verschiedenen Gesprächspartnern aus Wissenschaft und Praxis sehr herzlich für fruchtbare Diskussionen und konstruktive Hinweise sowie dem VS Verlag für die gute Zusammenarbeit und wünscht den Lesern viel Erkenntnisgewinn bei der Lektüre!

Inhalt

Vorwort 5

1 Das Management von Kunst und Kultur 9
   1.1 Kunst, Kultur und Kulturbetrieb 9
       1.1.1 Begriffe, Sparten und Typen 9
       1.1.2 Merkmale und Rahmenbedingungen 18
       1.1.3 Akteure und Anspruchsgruppen 24
   1.2 Kunst- und Kulturmanagement 26
       1.2.1 Begriff und Aufgaben 26
       1.2.2 Besonderheiten des Management im Kulturbereich 31

2 Das Management von Angebot und Nachfrage: Kulturmarketing 37
   2.1 Begriff, Merkmale und Ziele des Kulturmarketing 37
   2.2 Informationsbezogene Perspektive des Kulturmarketing 43
   2.3 Strategische Perspektive des Kulturmarketing 45
       2.3.1 Ziele 46
       2.3.2 Strategien 48
   2.4 Operative bzw. instrumentelle Perspektive des Kulturmarketing ... 51
       2.4.1 Der Marketing-Mix und seine Wirkungszusammenhänge 51
       2.4.2 Leistungspolitik 53
       2.4.3 Preispolitik 55
       2.4.4 Distributionspolitik 57
       2.4.5 Kommunikationspolitik 59
   2.5 Implementierungsbezogene Perspektive des Kulturmarketing ... 61

3 Das Management von Mitarbeitern: Personalmanagement 65
   3.1 Begriff und Ziele des Personalmanagement im Kulturbetrieb ... 65
   3.2 Besonderheiten im Arbeitsfeld „Kunst und Kultur" 67
   3.3 Handlungsfelder des Personalmanagement im Kulturbetrieb ... 70
       3.3.1 Personalbedarfsplanung 71
       3.3.2 Personalbeschaffung 72
       3.3.3 Personalführung 74
       3.3.4 Personalentwicklung 77
       3.3.5 Personalfreisetzung 79

4	Das Management finanzieller und sonstiger Mittel: Kulturfinanzierung	83
4.1	Begriff, Aufgaben und Quellen der Kulturfinanzierung	83
4.2	Finanzierung durch staatliche Träger	87
4.3	Eigene Einnahmen	91
4.3.1	Umsatzerlöse	91
4.3.2	Sonstige betriebliche Erträge	93
4.4	Drittmittel	94
4.4.1	Öffentliche Drittmittel	95
4.4.2	Sponsoring	97
4.4.3	Fundraising i.e.S.: Spenden	102
4.4.4	Private Stiftungen	105
5	Das Management neuer Märkte und Zielgruppen: Kulturtourismus	109
5.1	Zahlen, Historie und Begriffsbestimmung	109
5.2	Kulturtouristische Attraktionen und Zielgruppen	115
5.3	Erfolgsfaktor „Kooperationen"	119
5.4	Kulturhauptstädte Europas	124
5.5	Potenziale und Risiken im Kulturtourismus	128
6	Literatur	133

1 Das Management von Kunst und Kultur

1.1 Kunst, Kultur und Kulturbetrieb

1.1.1 Begriffe, Sparten und Typen

Kunst und Kultur verfügen in Deutschland über einen besonderen politischen Stellenwert. Die Bundesrepublik versteht sich als ein Kulturstaat, dessen Aufgabe es ist, den finanziellen, organisatorischen und rechtlichen Rahmen so abzustecken, dass sich Kunst und Kultur frei entfalten können. Und auch wenn Kunst und Kultur nicht zu den Pflichtaufgaben der öffentlichen Hand, sondern zu den freiwilligen Leistungen staatlicher Daseinsvorsorge zählen (und damit im Verteilungswettbewerb mit zahlreichen anderen Leistungen stehen), so gilt ihre zentrale Bedeutung für die Gesellschaft – deren Identität, Stabilität sowie Weiterentwicklung – und damit ihre Erhaltenswürdigkeit als weitgehend unumstritten.

Dieser essentielle Stellenwert von Kunst und Kultur spiegelt sich auch in der Bildung einer so genannten *Enquete-Kommission* wider, die nur in Ausnahmefällen von der Politik eingesetzt wird und der Debatte umfangreicher Themen von gesellschaftlicher Tragweite vorbehalten ist. Im Jahr 2003 wurde die Enquete-Kommission „Kultur in Deutschland" auf Beschluss des Bundestags erstmals einberufen, vier Jahre später legte sie ihren umfangreichen Abschlussbericht vor. Zahlreiche Fragestellungen im Zusammenhang mit den Rahmenbedingungen, den Vermittlungsaufgaben, der Förderung und Finanzierung, den Organisationsformen von Kunst und Kultur – um nur einige der zahlreichen Untersuchungsaspekte zu nennen – wurden sachverständig und in ihrer Tiefe häufig auch erstmalig beantwortet. Über allen Aktivitäten der politischen Vertreter und sonstigen Sachverständigen schwebte dabei eine ganz wesentliche Erkenntnis: „Das, was von einer Gesellschaft bleibt, ist ihre Kultur. Sie ist […] das Fundament, auf dem unsere Gesellschaft steht und auf das sie baut. Es ist Aufgabe der Politik, dieses zu sichern und zu stärken" (EK 2007, S. 5).

Die Bedeutung von Kultur ist damit hinreichend herausgestellt worden, was aber ist konkret unter diesem Begriff zu verstehen? Auf diese nicht ganz einfache Frage haben bereits zahlreiche Wissenschaftler eine Antwort zu finden versucht. Naturgemäß kann es nicht Ziel des vorliegenden Werkes sein, diese umfangreiche Diskussion in ihrer Gänze darzustellen. Vielmehr ist es sinnvoll, sich im hier interessierenden Kontext auf die Darstellung der wichtigsten Erkenntnisse zu beschränken und den Leser für eine weiterführende Beschäftigung auf die entsprechenden Klassiker der Kunst- und Kulturwissenschaften zu verweisen (u.a. Baecker 2000; Nünning 2001; Hansen 2003; Assmann 2008; Lüddemann 2010). In diesem Sinne sollen zunächst vier mögliche Bedeutungsinterpretationen von Kultur vorgestellt werden (vgl. Hansen 2003, S. 11ff.):

- Kultur umfasst in einem engen Begriffsverständnis *Institutionen* (Oper, Theater, Museen, Bibliotheken etc.) sowie *Personen* (Künstler und kreativ Schaffende), die im so genannten Kulturbetrieb ihre kreative und künstlerische Arbeit vollziehen, vermitteln und verwerten.
- Kultur ist nach einer anderen, gleichfalls engen Auslegung des Begriffs eine *Lebensart*, die von bestimmten – annahmegemäß kultivierten – Menschen praktiziert wird. Dieser Kulturbegriff impliziert Aspekte wie Bildung, Geschmack, schöngeistige Interessen und Manieren und ist damit nicht wertfrei.
- Nach einer dritten Lesart umfasst Kultur die *Eigenarten*, *Gewohnheiten* und *Besonderheiten* einer Gesellschaft, die sich z.B. im Brauchtum, in Sitten und in der Religion, aber auch in dem bestehenden Kulturbetrieb und den Überzeugungen eines Volkes ausdrücken. Der US-amerikanische „way of life" beschreibt ein solches Verständnis von Kultur, das umfassender und wertneutraler als die bisherigen Abgrenzungen ist (und diese entsprechend subsumiert).
- Kultur kann auch ganz prosaisch verstanden werden als *Resultat* einer anbauenden bzw. pflegerischen Tätigkeit und wird in diesem Sinne in der Landwirtschaft (Monokultur), Geographie (Kulturlandschaft) oder Medizin (Bakterienkultur) verwendet.

Dieser kurze Überblick soll genügen, um zu illustrieren, dass es unterschiedliche Auslegungen und Verwendungen des Begriffs Kultur gibt, der sich sprachgeschichtlich aus dem lateinischen Verb *colere* ableitet (ausführlich hierzu u.a. Hansen 2003, S. 14ff.; Lüddemann 2010, S. 7). Es ist gleichzeitig deutlich geworden, dass Kultur in einem umfassenden, wertfreien Sinn zu interpretieren ist. Wenngleich das in Deutschland vorherrschende Verständnis von Kultur im Sinne einer *Hochkultur* dieser weiten Begriffsauslegung lange Zeit entgegen stand, so hat sich dies mittlerweile nachhaltig gewandelt: Nicht zuletzt angestoßen durch den oft zitierten „Kultur für alle"-Imperativ des früheren Frankfurter Kulturdezernenten Hilmar Hoffmann (1979) bezieht der Kulturbegriff heute die Populär-, Alltags- und Soziokultur mit ein.

Eine wichtige Rolle spielt in diesem Zusammenhang auch die *UNESCO-Kulturkonferenz* Anfang der 1980er Jahre in Mexiko, seit der sich ein an anthro-

1.1 Kunst, Kultur und Kulturbetrieb

pologischen und ethnologischen Begrifflichkeiten orientiertes Verständnis international etabliert hat: Kultur wird als „Gesamtheit der unverwechselbaren geistigen, materiellen, intellektuellen und emotionalen Eigenschaften angesehen [...], die eine Gesellschaft oder eine soziale Gruppe kennzeichnen, und die über Kunst und Literatur hinaus auch Lebensformen, Formen des Zusammenlebens, Wertesysteme, Traditionen und Überzeugungen umfasst" (UNESCO 1982). Stärker in den Mittelpunkt gerückt ist seitdem der Begriff der *kulturellen Vielfalt*, die sich bezieht „auf die mannigfaltige Weise, in der die Kulturen von Gruppen und Gesellschaften zum Ausdruck kommen. Diese Ausdrucksformen werden innerhalb von Gruppen und Gesellschaften sowie zwischen ihnen weitergegeben. Die kulturelle Vielfalt zeigt sich nicht nur in der unterschiedlichen Weise, in der das Kulturerbe der Menschheit durch eine Vielzahl kultureller Ausdruckformen zum Ausdruck gebracht, bereichert und weitergegeben wird, sondern auch in den vielfältigen Arten des künstlerischen Schaffens, der Herstellung, der Verbreitung, des Vertriebs und des Genusses von kulturellen Ausdrucksformen, unabhängig davon, welche Mittel und Technologien verwendet werden" (UNESCO 2007).

In welchem Verhältnis stehen nun Kunst und Kultur? Kultur wird hier als Oberbegriff benutzt, unter dem sich die Kunst wiederfindet, die umgangssprachlich häufig auf die Bildende Kunst bezogen oder im Zusammenhang mit Künstlern und ihrem (künstlerischen) Schaffen verwendet wird. Wenngleich auch Tanz, Literatur, Film oder Musik zweifellos eine Form von Kunst darstellen, der Kunstbegriff also bereits umfassender ist, so impliziert Kultur darüber hinausgehend zahlreiche weitere Bereiche, wie z.B. Denkmalpflege, Bibliotheken, Archive, Brauchtum und die kulturelle Bildung. Kunst ist damit ein Teil des weit gefassten Begriffs Kultur und wenn im Weiteren von Kulturmanagement oder Kulturbetrieb gesprochen wird, dann sind Kunstmanagement und Kunstbetrieb grundsätzlich inhärenter Bestandteil der Begriffsverwendung.

Nach dieser kurzen Einführung in das weite Feld der kulturwissenschaftlichen Auseinandersetzung soll im Folgenden ein weiterer Versuch der Annäherung an die beiden Begriffe unternommen werden. Hilfreich hierfür ist eine Systematisierung nach übergeordneten Sparten oder Bereichen – allerdings findet sich in der Literatur keine, die allgemeingültig und auf alle Problemstellungen applizierbar wäre. Vielmehr im Gegenteil existieren sehr unterschiedliche Ansätze, bei denen jeweils geprüft werden muss, für welchen Zweck sie erstellt worden sind. So wird nachfolgend festzustellen sein, dass nicht alle durchgängig schlüssig oder über das oben diskutierte weit gefasste Verständnis von Kunst und Kultur verfügen. Ziel ist es jedoch, den Leser mit unterschiedlichen Sichtweisen vertraut zu machen und zu einer weiterführenden Auseinandersetzung mit dem Thema anzuregen.

Eine Möglichkeit der Systematisierung, wie sie v.a. in kunst- und künstlerbezogenen Untersuchungen vorgenommen wird (u.a. Dangel/Piorkowsky 2006), ist die anhand der fünf klassischen Sparten Bildende Kunst, Darstellende Kunst, Musik, Literatur, Film. In der nachfolgenden Tabelle 1 findet sich bei der beispielhaften Darstellung der Marktakteure eine Beschränkung auf die *Angebotsseite*. Nicht aufgenommen wurden wichtige spartenübergreifende Akteure, wie z.b. die Kulturpolitik und die Nachfrager bzw. Rezipienten oder auch die Kritiker.

Sparte	Inhalte	Beispiele für Marktakteure
Bildende Kunst	Produktion, Vermittlung und Rezeption von tangiblen Objekten und ephemeren Werken	Museen, Kunstvereine, Kunsthallen, Kunsthandel (Galerien, Auktionshandel, Kunstmessen), Privatpersonen (Künstler, Sammler, Mäzene) etc.
Darstellende Kunst	Produktion, Inszenierung, Vermittlung und Rezeption von ephemeren Werken im Bereich Theater/Schauspiel	Theater (Schauspiel, Ballett/Tanz), Künstlervermittlung, Verwertungsgesellschaften, Künstler (Urheber, Interpreten) etc.
Musik	Produktion, Inszenierung, Vermittlung und Rezeption von ephemeren Werken im Bereich Musik/Musiktheater	Orchester, Oper, Musical, Künstlervermittlung, Verwertungsgesellschaften, Künstler (Urheber/Komponist, Interpreten) etc.
Literatur	Produktion, Vermittlung und Rezeption von Literatur	Literaturhäuser, Bibliotheken, Verlagswesen, Buchhandel, Verwertungsgesellschaften, Schriftsteller, Journalisten, Übersetzer etc.
Film	Produktion, Vermittlung und Rezeption von bewegten Bilddokumenten	Filmproduzent, Filmverleih, Filmtheater, Filmförderungsgesellschaften, Regisseure, Autoren etc.

Tab. 1: Die fünf klassischen Sparten

Es ist offensichtlich, dass sich diese Systematisierung relativ eng am Kunstbegriff orientiert und daher nur für bestimmte Fragestellungen geeignet ist. Die Enquete-Kommission „Kultur in Deutschland" unterscheidet im Zusammenhang mit der Frage, in welcher Organisationsform Kulturbetriebe regelmäßig auftreten, folgende Sparten (vgl. EK 2007, S. 91ff.):

- Theater (u.a. Sprechtheater, Tanztheater, Kinder- und Jugendtheater),
- Musik und Musiktheater (u.a. Opernhäuser, Orchester),
- Museen und Ausstellungshäuser,
- Literatur (u.a. Bibliotheken),
- kulturelle Bildung (Musikschulen, Jugendkunstschulen),

1.1 Kunst, Kultur und Kulturbetrieb

- soziokulturelle Zentren (alle spartenübergreifenden, sozial-integrativen und interkulturellen Begegnungsstätten),
- kulturelles Erbe (Archivwesen, Denkmalschutz).

Eine weitere Abgrenzung findet sich im Kulturfinanzbericht der *Statistischen Ämter des Bundes und der Länder*, der seit 2003 die erweiterte Kulturdefinition der Europäischen Union zur Grundlage hat. Allerdings werden in ihm (nur) jene Kultursparten dargestellt, die einen nennenswerten Anteil *öffentlicher* Kulturförderung erhalten. Dies sind im Einzelnen (vgl. Tabelle 2 und Statistisches Bundesamt 2010, S. 47ff.):

Kultursparten
a) Theater und Musik
b) Bibliotheken
c) Museen, Sammlungen und Ausstellungen
d) Denkmalschutz und Denkmalpflege
e) kulturelle Angelegenheiten im Ausland (u.a. Kulturvermittlung durch Goethe-Institute)
f) Kunsthochschulen
g) sonstige Kulturpflege (u.a. Kultur der Vertriebenen, Volks- und Heimatkunde, Heimatpflege)
h) Verwaltung für kulturelle Angelegenheiten (u.a. Kulturämter, staatliche Ämter für Schlösser und Gärten)
i) kulturnahe Bereiche (u.a. Volkshochschulen, Kirche, Rundfunkanstalten und Fernsehen)
j) Film

Tab. 2: Spartenunterscheidung gemäß Kulturfinanzbericht

Last but not least soll die Systematisierung des jüngsten Forschungsberichts des *Bundesministeriums für Wirtschaft und Technologie* zur gesamtwirtschaftlichen Perspektive der Kunst- und Kreativwirtschaft vorgestellt werden. Dieser unterscheidet elf Teilmärkte, die überwiegend *erwerbswirtschaftlich* orientiert sind und sich mit der Schaffung, Produktion, Verteilung und/oder medialen Verbreitung von kulturellen bzw. kreativen Gütern und Dienstleistungen befassen. Hierzu gehören (vgl. Söndermann et al. 2009, S. 14ff.).

(a) unter dem Oberbegriff der *Kulturwirtschaft* die Teilmärkte Musikwirtschaft, Buchmarkt, Kunstmarkt, Filmwirtschaft, Rundfunkwirtschaft, Markt für darstellende Künste, Designwirtschaft, Architekturmarkt und Pressemarkt sowie
(b) unter dem Oberbegriff *Kreativbranchen* die Teilmärkte Werbemarkt und Software-/Games-Industrie.

Welcher von den verschiedenen Systematisierungsansätzen auch herangezogen wird, es ist deutlich geworden, wie vielfältig und heterogen der gesamte Bereich ist – und wie zahlreich damit die Wirkungsmöglichkeiten für Kunst- und Kulturmanager sind. Naturgemäß hat dies auch Konsequenzen für die wissenschaftliche Aufbereitung des Themas und gerade ein Grundlagenwerk stößt dabei schnell an seine Grenzen. Trotz der Unterschiede im Einzelnen gibt es jedoch zahlreiche Gemeinsamkeiten, die entsprechend im Vordergrund dieses Buches stehen. Dabei wird sich die weitere Darstellung, v.a. im Hinblick auf die Auswahl von Praxisbeispielen, allerdings nicht auf Märkte wie Design, Architektur, Presse oder Werbung konzentrieren, sondern vielmehr Fragestellungen aufgreifen, die – ähnlich wie in der Untersuchung der Enquete-Kommission – vorrangig die Kultureinrichtungen im traditionelleren Verständnis betreffen. Diese haben bereits in den letzten Jahren in besonderem Maße von der Etablierung des Kunst- und Kulturmanagement profitiert und weisen auch weiterhin erhöhten Bedarf auf. Ungeachtet dessen werden viele der im Weiteren diskutierten Erkenntnisse auch Relevanz für die im hier vorliegenden Rahmen nicht näher untersuchten Märkte haben.

Im Mittelpunkt der nachfolgenden Diskussion stehen die kleinen und großen Institutionen des Kulturbereichs. Diese stellen *Betriebe* dar, die (möglichst) planvoll organisierte, mit knappen Mitteln wirtschaftende, bei der Zielbildung und Zieldurchsetzung (weitgehend) autonome Wirtschaftseinheiten sind und in denen im Interesse bestimmter Träger Produktionsfaktoren (Arbeitskräfte, Sachmittel etc.) zur Erstellung von Gütern für die Fremdbedarfsdeckung kombiniert und auf Märkten zum Tausch angeboten werden (siehe hierzu auch Wöhe 2010, S. 27ff.). Die Begriffe Kultur*anbieter*, Kultur*einrichtung* oder Kultur*institution* werden hierzu synonym verwendet, d.h. es ist immer eine mehr oder minder institutionalisierte Organisation mit mindestens einem Mitarbeiter gemeint, die auf dem Kunst- und Kulturmarkt aktiv ist; dies kann im weitesten Sinne auch ein Kultur*projekt* oder eine Kultur*veranstaltung* sein.

Im Rahmen der oben diskutierten Systematisierungsansätze ist bereits punktuell herausgearbeitet geworden, dass Kulturbetriebe öffentlich-rechtlich, privatrechtlich-gemeinnützig oder privatrechtlich-kommerziell sein können – eine Unterscheidung, die nicht zuletzt auch in ordnungs- und steuerpolitischer Hinsicht von besonderem Interesse ist. In engem Zusammenhang hiermit steht das *Drei-Sektoren-Modell* (siehe Abb. 1) von Weckerle/Söndermann (2003), in dem nach öffentlichem Sektor („Staat"), privatem Sektor („Wirtschaft") und intermediärem bzw. gemeinnützigem Sektor („Zivilgesellschaft") differenziert wird. In der Mitte findet sich der Künstler mit seinem kreativen Schaffen, der Aufträge aus allen drei Bereichen erhalten kann und damit auch versinnbildlicht, wie interdependent die Sektoren sind.

1.1 Kunst, Kultur und Kulturbetrieb

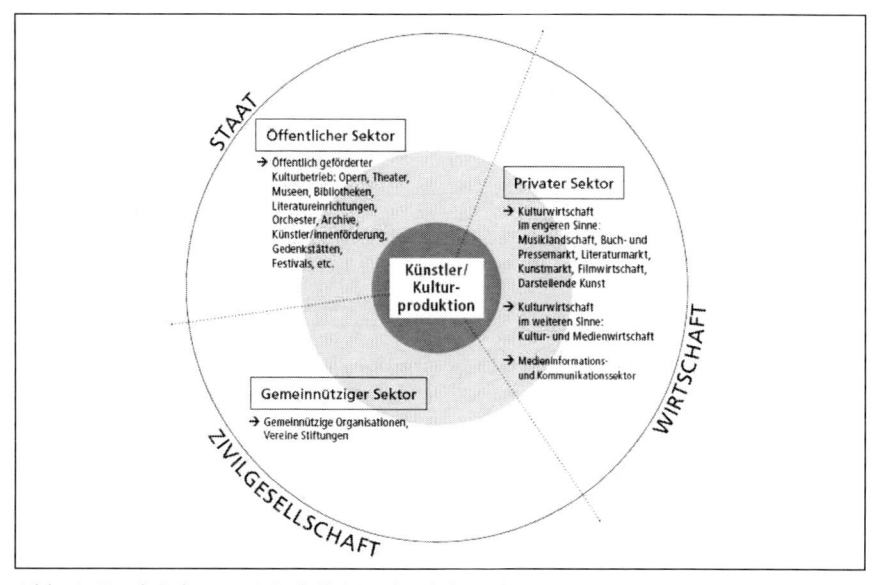

Abb. 1: Drei-Sektoren-Modell (Weckerle/Söndermann 2003)

Wie unterscheiden sich nun diese drei Typen von Betrieben? Hierauf wird nachfolgend unter Berücksichtigung der wichtigsten *Ordnungs- bzw. Unterscheidungskriterien* – Trägerschaft, Zielsetzung und Finanzierung – eingegangen. Es findet dabei eine Beschränkung auf idealtypische Betriebe und wesentliche Aspekte statt (der Aspekt der Kulturfinanzierung wird im Weiteren noch einmal aufgegriffen und in Kapitel 4 ausführlicher diskutiert).

(a) Öffentlich-rechtliche Kulturbetriebe

Öffentlich-rechtliche Kulturbetriebe sind dadurch gekennzeichnet, dass sie in staatlicher Trägerschaft stehen. *Träger* sind regelmäßig Kommunen, ein Zweckverband aus mehreren Gemeinden und/oder Bundesländer. Der Bund engagiert sich nur in Ausnahmefällen, wie etwa im Rahmen der Hauptstadtkultur oder bei Kulturbetrieben von nationalem Interesse (z.B. Kunsthalle Bonn, Klassik Stiftung Weimar).

Ziele öffentlich-rechtlicher Kulturbetriebe sind typischerweise übergeordneter, kultur- und gesellschaftspolitischer Art (z.B. einer möglichst großen Zahl von Nutzern den Besuch einer Musikschule oder Bibliothek zu ermöglichen) sowie künstlerisch-inhaltlicher Art (z.B. noch unbekannte Theaterautoren auf die Bühne zu bringen). Kein primäres Ziel von öffentlichen Kulturbetrieben ist es,

Gewinne zu erwirtschaften. Aufgrund des in den letzten Jahren zunehmenden Wirtschaftlichkeitsdrucks gewinnen jedoch auch bei öffentlich-rechtlichen Kulturbetrieben ökonomische Ziele (Erhöhung eigener Einnahmen, Senkung von Kosten etc.) an Bedeutung. Dies impliziert auch, dass zumindest in einigen Bereichen (z.B. bei Sonderausstellungen) Überschüsse („profits") erzielt werden sollen. Der Gesamtbetrieb wird allerdings in der Regel defizitär, d.h. nicht kostendeckend sein.

Im Hinblick auf die *Finanzierung* öffentlicher Kulturbetriebe lässt sich festhalten, dass die Zuschüsse und Zuwendungen der Träger einen großen, wenn nicht den größten Anteil an der Gesamtfinanzierung ausmachen. So speisten sich in der Spielzeit 2008/09 durchschnittlich 80 Prozent des Etats der deutschen Theater aus öffentlichen Zuschüssen (vgl. DBV 2010, S. 12). Eine nachgeordnete Rolle spielt in den meisten öffentlichen Kulturbetrieben die Generierung eigener Einnahmen, z.B. aus dem Verkauf von Eintrittskarten, sowie die Einwerbung öffentlicher und privater Drittmittel (Stiftungsgelder, Spenden, Sponsoring).

(b) Privatrechtlich-gemeinnützige Kulturbetriebe

Die *Träger* privatrechtlich-gemeinnütziger Kulturbetriebe können *natürliche* Personen sein, die beispielsweise einen Verein, eine Stiftung oder eine gemeinnützige Gesellschaft mit beschränkter Haftung (gGmbH) gründen. Aber auch *juristische* Personen des Privatrechts (GmbH, Aktiengesellschaft) oder des öffentlichen Rechts (Gemeinden, Landkreise etc.) können z.B. Gründungsmitglieder eines Vereins sein. Privatrechtliche Kulturbetriebe erlangen den Status der Gemeinnützigkeit, wenn ihre Tätigkeit darauf gerichtet ist, die Allgemeinheit auf materiellem, geistigem oder sittlichem Gebiet selbstlos zu fördern (§ 52 Abs. 1 Abgabenordnung). Damit dürfen sie zwar Einnahmen (und auch Überschüsse) zur Erreichung ihrer Ziele erwirtschaften, arbeiten aber in erster Linie – wie auch die öffentlichen Kulturbetriebe – nicht profitorientiert.

Die *Ziele* können vielfältig sein und sind abhängig von den in den Statuten einer Einrichtung (z.B. Vereins- oder Stiftungssatzung) festgelegten Aufgaben. Damit verfolgen privatrechtlich-gemeinnützige Kulturbetriebe keine übergeordneten kulturpolitischen Ziele, sondern die ihrer jeweiligen Träger.

Im Hinblick auf die *Finanzierung* lässt sich festhalten, dass diese zumindest zum Teil durch die Erwirtschaftung von eigenen Einnahmen (z.B. Mitgliedsbeiträge, Erlöse aus Verkauf von Produkten und Dienstleistungen, Verwaltung von Kapitalvermögen) sowie die Einwerbung von öffentlichen und privaten Mitteln (z.B. Spenden) erfolgen kann.

1.1 Kunst, Kultur und Kulturbetrieb

(c) Privatrechtlich-kommerzielle Kulturbetriebe

Kommerzielle Kulturbetriebe sind Teil der weiter oben bereits vorgestellten *Kultur- und Kreativwirtschaft*: „Die Kultur- und Kreativwirtschaft ist der marktwirtschaftliche Teil des Kultursektors. Hier werden alle Unternehmen und wirtschaftlichen Aktivitäten des Profit-Sektors zugeordnet" (Söndermann et al. 2009, S. 21). *Träger* bzw. *Eigner* können wie beim gemeinnützigen Kulturbetrieb natürliche oder juristische Personen des privaten und des öffentlichen Rechts sein; damit vermag der Staat in allen Bereichen des Kultursektors als Träger mitzuwirken.

Maßgebliches Unterscheidungskriterium zu den beiden vorgenannten Betriebstypen ist die Gewinnorientierung. Dabei ist jedoch das Gewinnstreben kein Selbstzweck – dieses *Ziel* muss vielmehr prioritär sein und kann u.a. auch dazu dienen, Mittel für künftige Investitionen zu erwirtschaften. Gleichzeitig schließt die Gewinnorientierung nicht aus, dass auch kommerzielle Kulturbetriebe dezidiert inhaltliche bzw. künstlerische Ziele verfolgen. Diese müssen jedoch stärker als im öffentlichen und im gemeinnützigen Kulturbetrieb auf ihre ökonomische Machbarkeit überprüft werden.

Die Kosten der Kulturproduktion werden damit, anders als im öffentlichen Kulturbetrieb, nicht (grundsätzlich) durch die öffentliche Hand, sondern weitgehend durch selbst erzielte Erlöse gedeckt – die *Finanzierung* erfolgt damit in erster Linie über den Markt. Des Weiteren können sich private Unternehmen über die Einwerbung von öffentlichen und privaten Mitteln finanzieren.

Tabelle 3 fasst die obigen Ausführungen zusammen. Es wird deutlich, dass einige Kulturanbieter, wie z.B. Musikschulen oder Festivals, aber auch Museen und Theater, je nach ihrer Ausrichtung und Trägerschaft verschiedenen Bereichen zugeordnet werden können.

	öffentlich-rechtliche Kulturbetriebe	privatrechtlich-gemeinnützige Kulturbetriebe	privatrechtlich-kommerzielle Kulturbetriebe
Ziele	nicht-kommerzielle Ziele („non-profit")		kommerzielle Ziele („profit")
Trägerschaft	Staat (Kommunen, Länder und/oder Bund)	natürliche und juristische Personen	
Finanzierung	v.a. Zuwendungen des Trägers sowie eigene Einnahmen und Drittmittel	u.a. eigene Einnahmen, öffentliche und private Drittmittel	
Typische Beispiele	• Oper • Orchester • Musikschule • Festival • Literaturhaus • Bibliothek • Archiv • Museum • Ausstellungshalle • Theater • Ballett/Tanz • Filmarchiv • Denkmalschutz/-pflege • Radio/Fernsehen • …	• Kunsthalle • Soziokulturelles Zentrum • Musikschule • Kleinkunst • Kino • Kulturvereine • Kulturwerkstätten • …	• Musical • Festival • Musikschule • Buchverlag/-handel • Galerie • Kunsthandel • Kabarett/Varieté/Comedy/Kleinkunst • Kino • Filmproduktion/-verleih/-vertrieb • Puppentheater • Radio/Fernsehen • Theater-/Konzertveranstalter • Zirkus • …

Tab. 3: Idealtypischer Systematisierungsansatz für Kulturbetriebe

1.1.2 Merkmale und Rahmenbedingungen

In den vorangegangenen Ausführungen ist deutlich geworden, dass es ein großes Spektrum an Kulturbetrieben gibt und dass der Kulturbereich insgesamt durch Heterogenität charakterisiert ist. Besonders zwischen den Kulturbetrieben in öffentlicher Hand und den kommerziellen Kulturanbietern bestehen einige deutliche Unterschiede. Nachfolgend werden beide Arten im Überblick charakterisiert. Begonnen wird mit einer Darstellung typischer Merkmale des öffentlichen Kulturbetriebs:

1.1 Kunst, Kultur und Kulturbetrieb

(a) Öffentlicher Kulturbereich

- *Kostenintensität der Leistungserstellung:* In Volkswirtschaften besteht die Gesetzmäßigkeit, dass sich die Produktivität des Faktors Arbeit – u.a. aufgrund des Einsatzes neuer Technologien (Fließband, Logistiksysteme, Multimedia etc.) – kontinuierlich erhöht und dadurch Effizienzgewinne möglich werden. Ein Effizienzgewinn stellt sich immer dann ein, wenn entweder mit weniger Input (Ressourcen) ein gleicher Output (Arbeitsergebnis) erzielt wird oder mit einem gleichen Input mehr Output. Diese Gesetzmäßigkeit findet sich jedoch im öffentlichen Kulturbereich oftmals ausgehebelt, insbesondere im Bereich der Darstellenden Kunst und Musik. Aufgrund des hohen Anteils an „handwerklich" – d.h. unter Einbeziehung einer (historisch vorgegebenen, gleichbleibend) hohen Anzahl von Künstlern, Komparsen etc. – produzierten Gütern und den kontinuierlich steigenden Personalkosten, die im Bereich von öffentlichen Theatern einen Anteil von 74 Prozent an den Gesamtkosten ausmachen (vgl. DBV 2010, S. 12), können hier keine Effizienzgewinne realisiert werden. Viele Kulturbetriebe sind vielmehr von kontinuierlichen Kostensteigerungen betroffen – ein Umstand, der nach dem US-amerikanischen Wissenschaftler William J. Baumol als *„cost desease"* bezeichnet wird.

- *Meritorische Güter:* Öffentliche Kulturbetriebe stellen so genannte „meritorische Güter" (Musgrave 1959) her, d.h. solche Produkte und Leistungen, deren Allokation nicht dem Markt überlassen, sondern durch staatliche Eingriffe gesteuert werden soll. Grund hierfür ist, dass Nachfrage und Nutzungsintensität nach dem Urteil politischer Entscheidungsträger ansonsten zu niedrig wären und deshalb stimuliert werden müssen. In aller Regel geht es darum, dass der „fürsorgliche" Staat Leistungen verbilligt oder sogar unentgeltlich anbietet, damit sie allen Mitgliedern einer Gesellschaft (unabhängig von ihrer Leistungsfähigkeit) zugänglich sind. Da die Herstellung meritorischer Güter aus politischer Sicht wünschenswert ist, werden sie staatlich gefördert – entweder direkt durch Zuschüsse oder indirekt, z.B. durch Steuererleichterungen. Auch dies lässt sich besonders gut am Beispiel des öffentlichen Theaterbereichs veranschaulichen, wo der öffentliche Zuschuss je Besucher in der Spielzeit 2008/09 im Durchschnitt 99 EUR betrug (vgl. DBV 2010, S. 12).

- *Bürokratie und Hierarchie:* Zahlreiche öffentliche Kulturbetriebe sind durch lange, formalisierte Entscheidungswege sowie intransparente Kommunikations- und Informationsstrukturen gekennzeichnet. Des Weiteren finden sich an vielen Stellen starre Hierarchiegefüge und überkommene

Machtverhältnisse, die eine flexible Reaktion auf veränderte Markterfordernisse erschweren oder verhindern.

(b) Privatwirtschaftlicher Kulturbereich

- *Heterogenität/Kleinteiligkeit*: Zur Besonderheit des privaten Kultursektors gehört es, dass dort sehr heterogene Unternehmenstypen anzutreffen sind. So existiert neben sehr großen, umsatzstarken Unternehmen, v.a. im Bereich der Rundfunkwirtschaft sowie auf dem Buch- und Pressemarkt, eine Vielzahl an sehr kleinen Kulturbetrieben mit geringen Umsätzen. Die wichtigsten Märkte für diese Kleinstunternehmer, die als Freiberufler oder selbständige Ein-Personen-Unternehmer auftreten, sind der Kunstmarkt, der Markt für darstellende Künste, die Designwirtschaft sowie der Architekturmarkt.

- *Marktnähe*: Da private Kulturbetriebe ihre Einnahmen über den Verkauf von Waren und Dienstleistungen regelmäßig selbst erwirtschaften müssen und es bei Verlusten (in der Regel) keine Deckung durch die öffentliche Hand gibt, sind diese Kulturbetriebe häufig viel näher an ihren Absatzmärkten und versuchen über entsprechende Marketingmaßnahmen, die Nachfrage langfristig zu stimulieren und Kundenbedürfnisse möglichst zielgruppenadäquat zu erfüllen.

- *Prekäre Einkommensverhältnisse*: Trotz dieser Marktnähe bleibt jedoch Fakt, dass viele der Kleinstunternehmer (zu) wenig verdienen. Vor allem freiberufliche Künstler und Kreative leben in z.t. prekären Einkommensverhältnissen. So zeigt eine Studie des *Deutschen Kulturrats*, dass fast die Hälfte der Bildenden und Darstellenden Künstler sowie ein Drittel der Musiker ein monatliches Nettoeinkommen von 1.278 EUR oder weniger bezieht (vgl. Dangel/Piorkowsky 2006). Aufgrund der oben beschriebenen Heterogenität bei den Unternehmenstypen in der Kultur- und Kreativwirtschaft sind von dieser schwierigen Situation jedoch keineswegs alle privaten Kulturbetriebe betroffen (vgl. hierzu z.B. Söndermann et al. 2009, S. 19).

- *Flexibilität*: Nicht zuletzt aufgrund der Tatsache, dass sich die Unternehmen der Kultur- und Kreativwirtschaft in erster Linie über den Markt finanzieren, müssen sie in der Regel flexibler als viele öffentliche Kulturbetriebe auf dessen Erfordernisse reagieren. Ein regelmäßiges Monitoring der Marktverhältnisse und möglichen Veränderungen bei Wettbewerbern und Nachfragern sowie das Arbeiten in offenen Netzwerken und mit zahlreichen Kooperationspartnern ist u.a. Ausdruck dieser Flexibilität.

1.1 Kunst, Kultur und Kulturbetrieb

Im Anschluss an diese kursorische Darstellung spezifischer Merkmale werden nachfolgend die wichtigsten *Rahmenbedingungen* skizziert. Dabei geht es auch hier weniger um eine vollständige Auflistung als vielmehr darum, im Überblick aufzuzeigen, dass diese Bedingungen erheblichen Einfluss auf die Arbeit von Kulturbetrieben nehmen können und deswegen vom Kulturmanager regelmäßig beobachtet werden sollten.

(a) Kulturpolitische Rahmenbedingungen

Kulturpolitik wird in Deutschland verstanden als gesellschaftliche Aufgabe, die Kunst und Kultur ermöglicht, verteidigt und mitgestaltet: „Sie soll die in der Individualisierung angelegten Möglichkeiten persönlicher Freiheit im Sinne von Selbstentfaltung und Selbstverwirklichung unterstützen. Notwendig ist dafür eine plurale Kulturpolitik, die sich darum bemüht, das soziale und kulturelle Kapital aller Menschen zu stärken und ihm Anerkennung zu verschaffen" (EK 2007, S. 51f.). Kulturpolitik ist dabei keine (ausschließlich) staatliche Angelegenheit, sondern bezieht in einem *partizipativen* Ansatz Kulturschaffende, Verbände, Unternehmen, Stiftungen, freie Träger und sonstige gesellschaftliche Akteure ein. Programmatische Leitlinien und Errungenschaften der Kulturpolitik der vergangenen Jahre mit Gültigkeit bis heute sind (vgl. ausführlich hierzu Kulturpolitische Gesellschaft 1998, S. 1ff.):

- ein soziokulturelles Verständnis von Kultur, das die vorherrschende Orientierung an traditionellen Kulturwerten und die Fixierung auf Kunstwerke weitgehend überwunden und zu einem erweiterten Begriff von Kulturpolitik geführt hat;
- das „Bürgerrecht Kultur" und „Kultur für alle" sind zu weitgehend anerkannten Leitzielen kulturpolitischen Handelns geworden, haben zu einer Ausweitung des Kulturangebots und neuen kulturellen Tätigkeitsfeldern geführt und damit eine wachsende Teilhabe an kulturellen Aktivitäten hervorgebracht;
- viele traditionelle Kultureinrichtungen wie Museen und Theater haben ihre konzeptionelle Starrheit überwunden, zeitgemäße Vermittlungsformen entwickelt und neue Bevölkerungsgruppen gewonnen;
- die Notwendigkeit und Bedeutung der kulturellen Bildung, der Kulturarbeit mit Kindern und Jugendlichen und der sozialen Kulturarbeit ist inzwischen weitgehend anerkannt;
- frei-gemeinnützige Kultureinrichtungen und privatwirtschaftliche Kulturangebote bilden mit den staatlich getragenen Kulturinstituten eine neue viel-

gestaltige Kulturlandschaft, die ergänzt wird durch freiwilliges, bürgerschaftliches Engagement in der Kultur;
- die Grenzen zwischen traditionellen Kunsteinrichtungen und freien Kulturangeboten sowie zwischen Kultur und Unterhaltung, U- und E-Kultur sind durchlässiger geworden;
- viele Verbände und Netzwerke sind entstanden, um die Interessen der kulturellen Akteure zu formulieren und gegenüber der Politik zu vertreten; das Angebot an Aus- und Fortbildungsmöglichkeiten für kulturelle Praxis ist gewachsen; der Diskurs über kulturpolitische Fragen hat an Qualität und Intensität zugenommen.

(b) Rechtliche Rahmenbedingungen

Die Bundesrepublik Deutschland versteht sich als ein Kulturstaat. Allerdings gibt es bis auf § 5 Abs. 3 des Grundgesetzes, der die Freiheit von Kunst und Kultur aufgrund der Erfahrungen aus der Zeit des Nationalsozialismus explizit festlegt, keine rechtlichen Grundlagen auf Bundesebene. Wie ausgeführt, gehört Kultur nicht zu den Pflichtleistungen, sondern zu den *freiwilligen* Leistungen der öffentlichen Hand (eine Ausnahme hiervon findet sich im Kulturraumgesetz des Freistaats Sachsen). Dieser Umstand gewinnt in wirtschaftlich schwierigen Zeiten an Bedeutung, wenn die Einnahmen der öffentlichen Haushalte sinken und der Wettbewerb zwischen den verschiedenen Ausgabepositionen der öffentlichen, v.a. kommunalen Daseinsvorsorge (Straßenbau, Schwimmbäder etc.) steigt.

Die konkreten rechtlichen Rahmenbedingungen von Kunst und Kultur leiten sich aus unterschiedlichen Rechtsquellen ab: „Auf internationaler und bilateraler Ebene werden diese durch die europäische Normsetzungskompetenz ausgestaltet. In verschiedenen Rechtsbereichen, wie zum Beispiel dem Urheber- und Steuerrecht, wird die nationale Gesetzgebung durch den europäischen Gesetzgeber bereits vorgeprägt. Zum anderen finden sich verfassungsrechtliche und gesetzliche Bestimmungen im Grundgesetz, in den Landesverfassungen, den Gemeinde- und Landkreisordnungen und Kulturfachgesetzen auf Landesebene (zum Denkmalschutz oder zur Weiterbildung) sowie Bundesgesetzen mit kulturellem Schwerpunkt (Urheber- und Künstlersozialversicherungsrecht). Daneben bestehen einzelne Bestimmungen, zum Beispiel im Bundesbaugesetz, Kinder- und Jugendhilfegesetz, Raumordnungsgesetz und Bundesvertriebenengesetz, die sich auf (einzelne) kulturelle Belange beziehen" (EK 2007, S. 56).

Änderungen bei den rechtlichen Rahmenbedingungen können erhebliche, auch wirtschaftliche Konsequenzen für die Arbeit von Kulturbetrieben haben. Während sich beispielsweise die Neuregelung bzw. Vereinfachung des Spendenrechts und die Verdoppelung der Abzugsmöglichkeiten von Kulturspenden posi-

1.1 Kunst, Kultur und Kulturbetrieb

tiv auswirkte, sind auch negative Folgen rechtlicher Änderungen möglich: So würde die derzeit diskutierte Abschaffung des ermäßigten Umsatzsteuersatzes für kulturelle Leistungen z.B. dazu führen, dass sich der Finanzbedarf von öffentlichen und wissenschaftlichen Bibliotheken aufgrund höherer Anschaffungskosten für Bücher deutlich erhöht (vgl. Deutscher Kulturrat 2010). Weitere rechtliche Probleme, deren Lösung vor allem von den Urhebern von Kunstwerken mit Spannung erwartet wird, betreffen aktuell u.a. die Wahrung von Urheberrechten im Internet.

(c) Finanzielle Rahmenbedingungen

In 2007 sind Kunst und Kultur vom Staat mit rund 8,5 Milliarden EUR finanziert worden. Grundsätzlich kann die staatliche Förderung als *direkte Transferzahlung* erfolgen oder über *indirekte Maßnahmen*. Zu letzteren gehören z.B. steuerliche Erleichterungen (Befreiung von bestimmten Steuerarten, ermäßigter Umsatzsteuersatz) oder die Ausschreibung von Stipendien, Preisen etc. Insgesamt ist die Situation der öffentlichen Finanzierung seit einigen Jahren schwierig – die Kulturausgaben je Einwohner lagen im Jahr 2007 um 12,5 Prozent unter dem Niveau von 2000 (Statistisches Bundesamt 2010, S. 26) – und der Verteilungskampf um die öffentlichen Gelder groß.

Bei den öffentlichen und gemeinnützigen Kulturbetrieben sind aus diesem Grund zunehmend private Förderer in den Mittelpunkt der Aufmerksamkeit gerückt. Anders als bei der Förderung durch die öffentliche Hand ist es allerdings schwieriger zu beziffern, wie hoch die Unterstützung konkret ist. Die Enquete-Kommission „Kultur in Deutschland" geht von folgenden Minimal- und Maximalbeträgen aus: Zwischen 300 bis 1.400 Mio. EUR an privaten Mitteln kommen aus Sponsoring, 111 bis 188 Mio. EUR aus Unternehmensspenden und 60 bis 125 Mio. EUR aus Spenden von Privatpersonen (vgl. EK 2007, S. 179).

Zwangsläufig ist auch der Wettbewerb um die Akquise von privaten Mitteln sehr hoch und es werden nur jene Kulturbetriebe Erfolg haben, die sich auf die Anforderungen der potenziellen (privaten) Geldgeber möglichst umfassend einstellen. Erschwerend kommt hinzu, dass (auch) der Bereich der privaten Kulturfinanzierung mittlerweile von den Auswirkungen der weltweiten Wirtschafts- und Finanzkrise gezeichnet ist. Insgesamt ist jedem umsichtigen Kulturmanager zu empfehlen, eine mehrdimensionale Strategie zu entwickeln und die Abhängigkeit von nur einer Finanzierungsquelle zu vermeiden.

1.1.3 Akteure und Anspruchsgruppen

In den vorstehenden Kapiteln ist deutlich geworden, dass der Kulturbetrieb nicht unabhängig von anderen Marktteilnehmern agiert, sondern vielmehr durch eine Reihe von Akteuren beeinflusst und gesteuert wird. Für den Kulturmanager ist es wichtig, sich dieser Anspruchsgruppen, ihrer verschiedenen Interessen und Forderungen sowie der zwischen diesen Gruppen bestehenden Interdependenzen frühzeitig gewahr zu werden. Für die detaillierte Analyse ist eine Unterscheidung in Angebots- und Nachfrageseite hilfreich.

Auf der *Angebotsseite* finden sich jene Akteure, die – im engeren oder weiteren Sinne – dazu beitragen, dass Kunst und Kultur geschaffen werden. Zuerst zu nennen sind die *Künstler* bzw. *Urheber*, die ein Werk (Theaterstück, Skulptur, Buch etc.) hervorbringen, das den Kern der Arbeit eines Kulturbetriebs darstellt. Um diese Werke aufführen, ausstellen, publizieren etc. zu können, bedarf es einer Vielzahl von *Mitarbeitern*. Hierzu gehören in Abhängigkeit von der jeweiligen Kultursparte z.B. Interpreten des Werks, die künstlerisch (Schauspieler, Tänzer, Musiker) oder vermittelnd bzw. pädagogisch (Kuratoren, Dramaturgen, Pädagogen) tätig werden, ebenso wie z.B. Wissenschaftler, Techniker oder Marketingfachleute. Unabhängig von ihrem konkreten Tätigkeitsschwerpunkt sind alle diese Mitarbeiter erforderlich, um die Rezeption und Verbreitung eines künstlerischen Werks insgesamt zu ermöglichen.

Neben den bisher genannten Anspruchsgruppen finden sich zahlreiche weitere: Bereits oben diskutiert wurden die *Träger* bzw. *Eigner*, die im öffentlich-rechtlichen Bereich zum Teil erheblichen Einfluss auf die Aktivitäten von kulturellen Organisationen und Projekten nehmen (ohne aber, anders als bei vielen gemeinnützigen bzw. privaten Kulturbetrieben, in die tägliche Arbeit integriert zu sein). Eine wichtige Rolle spielen auch die *Gremien, Kommissionen, Verbände* und sonstigen Vertreter der Kulturpolitik, wie z.B. die (temporär eingesetzte) Enquete-Kommission „Kultur in Deutschland", die Kulturpolitische Gesellschaft oder der Deutsche Kulturrat, die übergeordnet und spartenunabhängig Einfluss nehmen auf die strukturellen, rechtlichen und sonstigen Rahmenbedingungen von Kulturbetrieben. Des Weiteren existieren *Lobbyverbände* für einzelne Sparten, wie z.B. der Deutsche Bühnenverein, der Deutsche Orchesterverband oder der Deutsche Museumsbund, die in erster Linie die Partikularinteressen ihrer Mitglieder vertreten (z.B. bei Tarifverhandlungen).

Je nach Kulturbetriebstyp nehmen weitere Akteure Einfluss: Im Museumsbereich ist das z.B. der gesamte Kunsthandel, d.h. die privaten Sammler und Galerien, der Auktionshandel sowie die Kunstmessen. Es ist offenkundig, dass zwischen den einzelnen Anspruchsgruppen durchaus unterschiedliche Interessen vorliegen, die zuweilen auch in erheblichem Widerspruch zueinander stehen

1.1 Kunst, Kultur und Kulturbetrieb

können, wie das nachfolgende Beispiel zeigt. Während öffentlich-rechtliche Museen in der Regel daran interessiert sind, Kunstwerke für kommende Generationen zu konservieren, zu erforschen und zu bewahren, möchten private Sammler häufig eine (kurzfristige) Wertsteigerung ihrer Werke und eine Steigerung der Bekanntheit sowie des Images ihres Unternehmens oder ihrer Person erreichen.

Auf der *Nachfrageseite* des Kunst- und Kulturmarkts nehmen jene Menschen Einfluss auf den Kulturbetrieb, die Kunst und Kultur rezipieren, nutzen, sich an ihr erfreuen oder auch durch sie angeregt, aufgerüttelt oder sogar verstört werden wollen. Diese Menschen können ganz allgemein als Nachfrager oder auch – in Abhängigkeit der jeweiligen Art von Kulturbetrieb – als Besucher, Publikum, Nutzer, Teilnehmer, Leser, Zuschauer, Kunde oder Käufer bezeichnet werden. Unabhängig von ihrer konkreten Benennung spielen Nachfrager im Kulturbetrieb eine ganz wesentliche Rolle, die vor allem im öffentlich-rechtlichen Betrieb noch so manches Mal unterschätzt wird. Nachfrager verfügen jedoch über wichtige Ressourcen (vgl. Günter/Hausmann 2009, S. 20): Sie stellen verschiedene immaterielle und materielle Leistungen zur Verfügung, d.h. konkret (a) *Geld* in Form von Eintrittsentgelten, Verkaufserlösen, Teilnehmergebühren, Spenden etc., (b) *Zeit* für den Besuch einer Einrichtung bzw. Veranstaltung oder für die Arbeit als „volunteer", (c) *Weiterempfehlungen* im Freundeskreis und damit kostenlose Werbung für den Kulturbetrieb, (d) *Engagement* in der kulturpolitischen Diskussion.

Wenngleich sich zahlreiche weitere Anspruchsgruppen (Öffentlichkeit, Medien, Sponsoren etc.) nennen und hinsichtlich ihrer Beziehung zum Kulturbetrieb darstellen lassen, ist aus dem oben Genannten bereits deutlich geworden, dass sich die Kultureinrichtungen in einem komplexen Beziehungsgeflecht bewegen. Um sich dieser Komplexität gewahr zu werden, ist das *Stakeholder-Konzept* (Freeman 1984) geeignet, das ein Gefüge von *Leistungen* (durch die Kultureinrichtung) und *Gegenleistungen* (durch die Anspruchsgruppen) beschreibt (siehe Kotler et al. 2008, S. 60 sowie ausführlich hierzu Hausmann 2001). In nachfolgender Abbildung 2 werden ausgewählte Stakeholder exemplarisch für ein Orchester dargestellt.

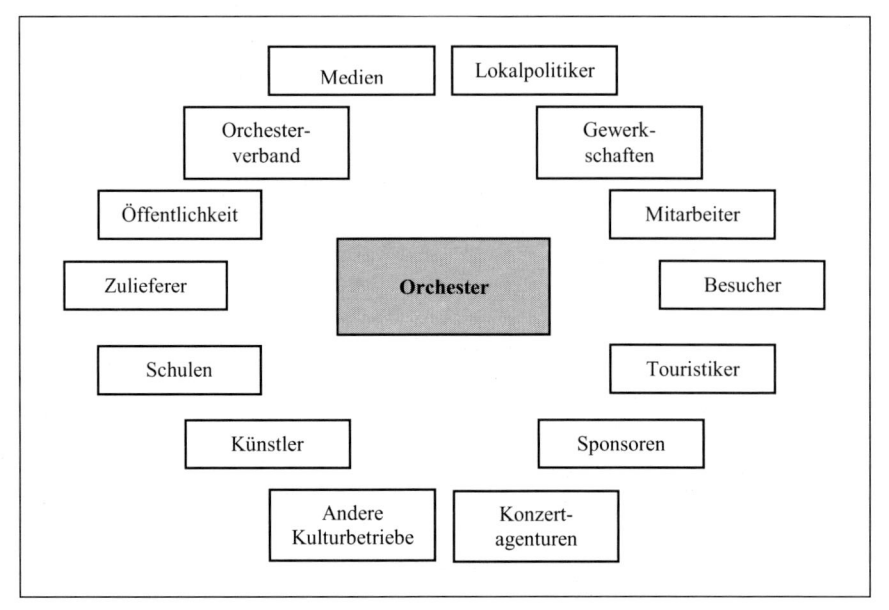

Abb. 2: Ausgewählte Anspruchsgruppen (Stakeholder) eines Orchesters

1.2 Kunst- und Kulturmanagement

1.2.1 Begriff und Aufgaben

Analog zu Kunst und Kultur sind zum Management umfangreiche Abhandlungen verfasst worden. Wie bereits ausgeführt, ist im vorliegenden Rahmen nicht intendiert, den Stand der Forschung in seiner Gänze darzustellen. Vielmehr wird auch im Folgenden eine pragmatische Vorgehensweise gewählt, um dem Leser einen zügigen Einstieg in die Thematik zu ermöglichen. Hierzu ist es sinnvoll, einen Blick in die Klassiker der Managementliteratur zu werfen und sich an bewährten Begriffsabgrenzungen zu orientieren:

- „Management has to give direction to the institution it manages. It has to think through the institution's mission, has to set its objectives, and has to organize resources for the results the institution has to contribute" (Drucker 1973, S. 17).

1.2 Kunst- und Kulturmanagement

- „Management ist ein Komplex von Steuerungsaufgaben, die bei der Leistungserstellung und -sicherung in arbeitsteiligen Systemen erbracht werden müssen" (Schreyögg/Koch 2010, S. 8).

Aus den vorstehenden Begriffsverwendungen lässt sich ablesen, dass Management eine gewisse Allgemeingültigkeit im Hinblick auf seinen Handlungs- und Gestaltungsbereich besitzt – und damit nicht auf den kommerziellen Unternehmensbereich beschränkt bleiben muss. Im Gegenteil: „Management ist eine universelle gesellschaftliche Funktion. Es wird in allen gesellschaftlichen Institutionen gebraucht. Die Bezeichnungen, unter denen diese Funktionen im Einzelfall auftreten, sind bedeutungslos. Der Rektor einer Universität ist zu einem erheblichen Teil seiner Tätigkeit ein Manager [...]. Das Gleiche gilt zum Beispiel auch für Opernintendanten, Orchesterdirigenten [...] Entscheidend ist die Funktion, nicht ihre Bezeichnung" (Malik 2007, S. 23). Damit bleibt als vorläufige Erkenntnis festzuhalten, dass Management grundsätzlich auch im Kunst- und Kulturbereich Anwendung finden kann.

Allgemein üblich ist in der Literatur die Unterscheidung in zwei Perspektiven (siehe Abb. 3): Hierbei wird Management einerseits als *Institution* verstanden und andererseits als *Funktion*. Was bedeutet dies nun konkret? Management in institutioneller Hinsicht bezieht sich auf eine Gruppe von *Personen*, die in einer Organisation mit *Anweisungsbefugnissen* betraut sind und *Vorgesetztenfunktionen* wahrnehmen. Hierzu gehören z.B. in einem größeren Orchester neben der (künstlerischen) Intendantin und dem musikalischen Leiter (auch Chefdirigent oder Generalmusikdirektor genannt) nachgeordnet der Verwaltungsleiter bzw. kaufmännische Geschäftsführer, der Orchesterdirektor (Leiter Künstlerisches Betriebsbüro) oder die Marketingleiterin. Nach diesem Begriffsverständnis sind Manager nicht nur auf der obersten Hierarchieebene (Top Management), sondern auch auf verschiedenen nachgelagerten Ebenen mit Leitungsfunktion im Kulturbetrieb anzutreffen (so genanntes Middle und Lower Management).

Demgegenüber knüpft der Funktionsansatz an diejenigen *Aufgaben* an, die zur Steuerung der verschiedenen Leistungsprozesse im Kulturbetrieb erforderlich sind: Es geht damit zunächst einmal nicht um einen speziellen Personenkreis oder um bestimmte Hierarchieebenen, „sondern vielmehr um einen Kranz von Aufgaben (Managementfunktionen), die erfüllt werden müssen, damit die Organisation ihre Ziele erreichen kann" (Schreyögg/Koch 2010, S. 7). In der Literatur gibt es kein ganz einheitliches Verständnis darüber, was konkret zu diesen Managementaufgaben gehört (zu unterschiedlichen Abgrenzungen vgl. u.a. Malik 2006, S. 72ff.; Schreyögg/Koch 2010, S. 10ff.; Schierenbeck/Wöhle 2008, S. 116ff. sowie auch Byrnes 2009, S. 15ff.) – die nachfolgende Unterscheidung berücksichtigt vier zentrale Aufgaben:

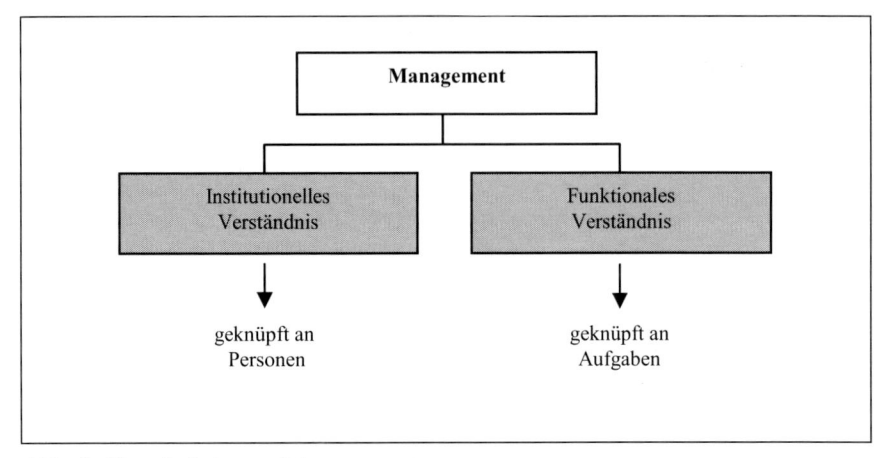

```
        Management
       /          \
Institutionelles   Funktionales
 Verständnis       Verständnis
      ↓                ↓
 geknüpft an      geknüpft an
  Personen         Aufgaben
```

Abb. 3: Verständnis von Management

- *Planung*: Im Rahmen der Planung wird bestimmt, welche Ziele die Organisation insgesamt (oder ein einzelner Teilbereich) erreichen will und mit welchen Mitteln dies geschehen soll. Es ist leicht nachvollziehbar, dass es sich bei der Planung um eine besonders wichtige Managementaufgabe handelt, die den Rahmen für alle weiteren absteckt.

- *Organisation*: Im Zuge der Organisation geht es um die Herstellung geeigneter struktureller Voraussetzungen (Handlungsgerüst). Hierzu werden adäquate Aufgabeneinheiten (Abteilungen, Stellen) geschaffen, die mit Kompetenzen und ggf. Weisungsbefugnissen auszustatten und sowohl horizontal als auch vertikal zu verknüpfen sind. Hinzu kommt die Einrichtung eines Kommunikationssystems, das die einzelnen Abteilungen und Stellen mit den zur Aufgabenerfüllung notwendigen Informationen versorgt.

- *Führung*: Im Mittelpunkt dieses Tätigkeitsbereichs steht die zielorientierte Ausrichtung der Einzelhandlungen innerhalb der Gesamtorganisation (bzw. eines Teilbereichs). Unter anderem durch Maßnahmen der Motivation, der Kommunikation und der Koordination, d.h. durch Führung im engeren Sinne, wird versucht, die Mitarbeiter zu zieladäquater Aufgabenerfüllung zu veranlassen.

- *Kontrolle*: Im Rahmen der Kontrolle geht es um einen Soll-Ist-Vergleich von tatsächlichen Ergebnissen und ursprünglichen Plandaten. Bei Abweichungen sind entsprechende Korrekturmaßnahmen einzuleiten.

1.2 Kunst- und Kulturmanagement

Im Zusammenhang mit den genannten Managementaufgaben steht der *Managementkreislauf*, in der Literatur auch als Managementprozess bezeichnet, der die genannten Aufgaben als lineare Abfolge darstellt (vgl. Abb. 4). Da diese Abfolge allerdings keine Interdependenzen zwischen den Aufgaben berücksichtigt, handelt es sich hierbei um ein idealtypisches Modell, das mehr didaktischen Zwecken dient als einer detailgetreuen Abbildung der Realität von Organisationen.

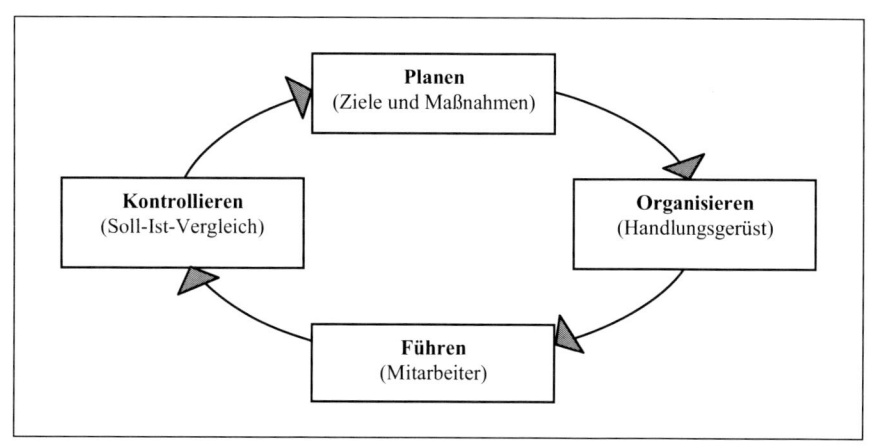

```
           Planen
    (Ziele und Maßnahmen)

Kontrollieren              Organisieren
(Soll-Ist-Vergleich)       (Handlungsgerüst)

           Führen
        (Mitarbeiter)
```

Abb. 4: Idealtypischer Managementkreislauf

Von den bisher diskutierten Managementaufgaben, die auch als *Koordinations-* und *Steuerungsfunktionen* (vgl. u.a. Wöhe 2010, S. 43) bezeichnet werden, lassen sich jene abgrenzen, die so genannte *Sachaufgaben* bzw. *Kernfunktionen* betrieblicher Tätigkeit darstellen, wie z.b. Produktion, Marketing oder Finanzierung, und die – in mehr oder weniger großem Umfang – ebenfalls von einer Führungskraft erledigt werden müssen: „Das funktionale Managementkonzept sieht das Management [...] als Querschnittsfunktion, die den Einsatz der Ressourcen und das Zusammenwirken der Sachfunktionen steuert" (Schreyögg/Koch 2010, S. 8). Aus diesem Zusammenhang ergibt sich auch das Verhältnis von Betriebswirtschaftslehre und Management – zwei Begriffe, die nicht synonym zu verwenden sind, aber in engem Kontext stehen. Während ein Teil in der Autorenschaft Management und Betriebswirtschaftslehre als zwei verschiedene Disziplinen betrachtet (vgl. hierzu die Diskussion bei Malik 2007, S. 22f.), wird hier der Auffassung gefolgt, dass Management – auch unter dem Begriff der Unternehmensführung – eine *Teilfunktion* der Betriebswirtschaftslehre darstellt (siehe hierzu u.a. auch Schreyögg/Koch 2010; Schierenbeck/Wöhle 2008; Thommen/Achleitner 2009; Wöhe 2010).

Im Anschluss an die Klärung des Managementbegriffs stellt sich nunmehr die Frage, was ein *Manager* ist bzw. wie er (oder sie) beschaffen sein muss, um die an ihn (oder sie) gestellten Aufgaben erfüllen zu können. Grundsätzlich ist bereits im Zusammenhang mit dem institutionellen Verständnis von Management deutlich geworden, dass die oben genannten Aufgaben von Personen mit *Anweisungsbefugnissen* und *Vorgesetztenfunktionen* erfüllt werden müssen. Über welche Fähigkeiten sollte eine solche Führungsperson konkret verfügen? Drucker hängt die Messlatte in diesem Zusammenhang vergleichsweise hoch: „The one contribution he is uniquely expected to make is to give others vision and ability to perform" (Drucker 2007). Wenngleich es zweifellos wünschenswert wäre, wenn möglichst viele Manager diese zentrale Fähigkeit hätten, so erscheint es doch hilfreicher – und näher an der Realität –, weitere Schlüsselkompetenzen zu identifizieren (vgl. Schreyögg/Koch 2010, S. 24 sowie auch Mintzberg 2010, S. 120ff.):

- *Fachliche Kompetenz*: Hierzu gehört die Kenntnis von Aufgaben, Funktionen und Techniken des Management sowie die Fähigkeit, diese Kenntnisse anzuwenden.
- *Soziale Kompetenz*: Hierunter fallen diverse Fähigkeiten, wie z.B. mit anderen zusammenarbeiten, Individuen und Gruppen führen, sich empathisch in andere hineinversetzen und über kulturelle Grenzen hinweg kommunizieren zu können.
- *Konzeptionelle Kompetenz*: Diese drückt sich u.a. darin aus, dass der Manager in der Lage ist, komplexe Probleme und Entscheidungssituationen strukturieren zu können. Auch die Fähigkeit, eine eintretende Situation aus unterschiedlichen Perspektiven betrachten zu können, fällt hierunter.

Zum Abschluss dieser Diskussion bleibt noch einmal darauf hinzuweisen, dass Managementaufgaben in jedem Bereich einer Organisation anfallen und auch auf verschiedenen Hierarchiestufen zu erfüllen sind – wenngleich zwangsläufig unterschiedlich hinsichtlich Art und Umfang. Ganz generell kann dazu festgehalten werden, dass der Anteil der Managementaufgaben an den Gesamtaufgaben einer Führungskraft umso höher (geringer) ist, je höher (niedriger) diese in der Organisationshierarchie angesiedelt ist.

1.2 Kunst- und Kulturmanagement

Praxisbeispiel Manager

In einem Interview zu den besonderen Fähigkeiten eines Managers in seiner Position befragt, antwortete der Präsident der *Stiftung Preußischer Kulturbesitz* in Berlin wie folgt: „Schnelles Eindenken in die unterschiedlichsten Frage- und Problemstellungen, zügige und zugleich wohlbegründete Entscheidungsprozesse, nach innen eine Mischung aus Transparenz und ‚klarer Ansage' und nach außen eine gelungene Kombination aus Diplomatie und Überzeugungskraft. [...] Darüber hinaus ist es aber unerlässlich, dass man an einem einmal eingeschlagenen Weg keinen Zweifel aufkommen lässt. Wankelmütigkeit ist schädlich, Mut und Fähigkeit zu einer begründeten Korrektur darf dies aber nicht ausschließen, die Gründe dafür sind dann aber auch zu vermitteln" (Schuster 2008, S. 16).

1.2.2 Besonderheiten des Management im Kulturbereich

Nachdem vorstehend herausgearbeitet wurde, durch welche Merkmale Management charakterisiert ist und dass Management im Bereich von Kunst und Kultur grundsätzlich Anwendung finden kann, gilt es nunmehr die Frage zu beantworten: *Brauchen* Kunst und Kultur Management? Dies soll im Folgenden unter Hinzuziehung eines fiktiven Beispiels geschehen:

> Ein bekanntes Festival für klassische Musik hat im zweiten Jahr hintereinander ein Defizit erwirtschaftet, das dieses Mal auf eine halbe Million EUR gestiegen ist. In Beschwerdebriefen haben zahlreiche Besucher ihre Enttäuschung über die fehlende Qualität des Programms und die vielen Mängel im Service zum Ausdruck gebracht. Aus Verärgerung über die aus seiner Sicht fehlende Unterstützung durch die Stadt hat der Leiter wenige Tage nach der letzten Veranstaltung das Handtuch geworfen. Die Mitarbeiter sind stark verunsichert, wie es im nächsten Jahr weitergehen wird.

Es ist offenkundig, dass es für den Erhalt dieses Kulturanbieters unumgänglich sein wird, neben zahlreichen künstlerischen Fragen auch Fragen der Planung, Organisation, Führung und Kontrolle zu beantworten (und damit Koordinations- und Steuerungsaufgaben wahrzunehmen). Damit aber wird bereits anhand dieses einfachen – für die Kulturpraxis jedoch nicht untypischen – Beispiels deutlich, dass Kunst und Kultur Management brauchen, wollen sie langfristig existenz- und wettbewerbsfähig sein. Unter Berücksichtigung der Erkenntnisse aus dem vorangegangenen Kapitel kann damit folgende (vorläufige) Begriffsabgrenzung für die Verwendung von Management im Kunst- und Kulturbereich vorgenommen werden:

> **Definition**
>
> Kulturmanagement i.e.S. umfasst Koordinations- und Steuerungsaufgaben, um den Prozess der Leistungserstellung und -verwertung von Kulturanbietern zu ermöglichen und langfristig zu sichern.

Ziel ist der planvolle Ressourceneinsatz zur Erreichung des Organisationszwecks und zur Schaffung von Nutzen bei relevanten Anspruchsgruppen. Aus obigem Beispiel und der Diskussion im vorangegangenen Kapitel ist allerdings deutlich geworden, dass die Wahrnehmung der klassischen Koordinations- und Steuerungsaufgaben des Management allein nicht ausreicht, um die Existenz einer Organisation langfristig zu sichern. Hinzu kommt vielmehr die Wahrnehmung weiterer Kernfunktionen der betrieblichen Tätigkeit: So wäre einer künftigen Festivalleiterin und ihren Mitarbeitern anzuraten, sich mit den Möglichkeiten des Kulturmarketing intensiv auseinanderzusetzen, damit in der nächsten Spielzeit die Servicequalität erhöht wird, (neue) Besucher gewonnen und (mehr) Leistungen nachgefragt werden.

Dieser Aspekt wird im Weiteren noch einmal zu thematisieren sein. Zunächst soll jedoch im Anschluss an die vorläufige Begriffslegung zum Kulturmanagement geklärt werden, was ein Kulturmanager ist. Hierzu ist es sinnvoll, zunächst eine Unterscheidung nach in der Praxis regelmäßig anzutreffenden Typen von Managern vorzunehmen:

- *Typ 1 „Manager im Kulturbetrieb mit künstlerischem/wissenschaftlichem Arbeitsschwerpunkt":* Dieser Typus ist im Kulturbetrieb, z.B. im Theater, Orchester oder Museum, auf höchster Hierarchieebene als Intendant/in, künstlerischer Leiter/in oder wissenschaftliche/r Direktor/in tätig und nimmt neben seiner künstlerischen bzw. inhaltlichen Funktion Aufgaben des Management wahr. Auch auf nachgeordneten Hierarchieebenen (z.B. als Leiter/in Sammlung im Museum) findet sich dieser Typus.

- *Typ 2 „Manager im Kulturbetrieb mit betriebswirtschaftlichem Arbeitsschwerpunkt":* Dieser Typus ist in der Regel nicht selbst künstlerisch oder inhaltlich tätig. Er findet sich auf höchster Ebene im Verwaltungs- bzw. kaufmännischen Bereich (z.B. als kaufmännischer Leiter/in) sowie auch auf nachgeordneten Ebenen (z.B. als Marketing- oder Personalleiter/in).

- *Typ 3 „Selbständiger Kulturmanager":* Dieser Typus ist für (andere) Künstler oder Kulturbetriebe tätig, die sich vorrangig ihrer Kunst bzw. Kulturproduktion widmen und v.a. in betriebswirtschaftlichen Fragen „gemanagt" werden wollen – denn nicht wenige Künstler fühlen sich durch Manage-

1.2 Kunst- und Kulturmanagement

mentaufgaben in ihrer künstlerischen Schaffenskraft eingeschränkt (wie das nachfolgende Beispiel eines freiberuflichen Cellisten verdeutlicht). Regelmäßig handelt es sich bei diesem dritten Typ um einen Einzel- bzw. Kleinunternehmer mit wenigen, häufig freien Mitarbeitern, der selbst nicht (mehr) künstlerisch tätig ist.

- *Typ 4 „Selbständiger Künstler und Manager in Personalunion"*: Dieser Typus bewegt sich besonders stark im Spannungsfeld von Management und Kunst bzw. Kultur, da er sowohl (alleinverantwortlich) künstlerisch bzw. inhaltlich tätig ist als sich auch selbst „managt". Hierbei kann es sich sowohl um Künstler handeln, die z.B. aufgrund finanzieller Engpässe alles in Eigenregie übernehmen (müssen), aber auch um solche, die neben ihren künstlerischen Fähigkeiten über besondere Managementkompetenz verfügen.

Praxisbeispiel Kulturmanager

„Zu Beginn habe ich vor allem mit Ensembles gearbeitet. Später dann auch als Solist. Da musste ich mich natürlich auch um Konzertauftritte kümmern. Aber sich als Solist zu vermarkten, ist doch etwas anderes, als wenn man ein Ensemble im Rücken hat. Überhaupt sind mir eigentlich diese ganzen unternehmerischen Aufgaben wie Akquise, Verhandlungen führen und die ganzen Büroangelegenheiten eher unangenehm. Lieber beschäftige ich mich mit Musik, als diesen unternehmerischen Tätigkeiten nachzugehen. Natürlich weiß ich, dass man von der Musik allein nicht leben kann und man sich auch den anderen Aufgaben stellen muss. Aber das ist auch der Grund, warum ich viele dieser Aufgaben an meinen Manager delegiere. Er macht die Akquisition, vermarktet meine künstlerische Tätigkeit, übernimmt meine Programme und Texte zu den Programmen und verhandelt mit Veranstaltern. Ich denke, wenn man diese Arbeiten nicht machen möchte, sollte man sich jemanden suchen" (Teichmanis 2006, S. 67).

Um sich dem Kulturmanager und seinen erforderlichen Fähigkeiten weiter zu nähern, ist ein Blick in die Ergebnisse einer aktuellen (Pilot-)Studie von Klein mit rund 200 Führungskräften aus verschiedenen Kulturbetrieben hilfreich, die 2009 unter dem Titel „Gesucht: Kulturmanager" erschien. Die hierbei gewonnenen zentralen Erkenntnisse stehen in Zusammenhang mit der oben geführten Diskussion zu den klassischen Managementfunktionen einerseits und weiteren (Kern-)Funktionsbereichen kulturbetrieblicher Tätigkeit andererseits (vgl. ausführlich hierzu Klein 2009a, S. 43ff.):

1. Als wichtige *persönliche Kompetenzen* von Kunst- und Kulturmanagern wurden Kommunikationsfähigkeit und Organisationsvermögen genannt sowie nachgeordnet u.a. Entscheidungsfähigkeit, strukturiertes Denken, Vermittlungs- und Teamfähigkeit.
2. Als wichtige *theoretische Kompetenzen* gelten betriebswirtschaftliche Kenntnisse; die Schwerpunkte lagen dabei auf Marketing, Finanzierung (v.a. Sponsoring, Fundraising) und Personal.

Aus diesen Ergebnissen kann geschlossen werden, dass (zumindest) in der Praxis des Kulturmanagement vielfach eine Zusammenfassung von klassischen Steuerungs- und Koordinationsaufgaben des Management und den verschiedenen Sachaufgaben (z.B. Marketing) unter dem Oberbegriff Kunst- und Kulturmanagement stattfindet. Diese Vermutung bestätigt ein prüfender Blick in die Lehrpläne der über achtzig Aus- und Weiterbildungsangebote in diesem Bereich – wo neben dezidiert managementorientierten Angeboten zahlreiche Veranstaltungen zu typischen Funktionsbereichen der kulturbetrieblichen Tätigkeit im Curriculum enthalten sind (siehe auch Heinze 2010, S. 12; Seger 2010, S. 9).

Damit aber trifft auch für den Kunst- und Kulturbereich zu, was Malik unter der Überschrift „Management ist nicht identisch mit Sachaufgaben" so treffend in seinem Buch kritisiert: „Gründliche Verwirrung entsteht dadurch, dass Managementaufgaben und Sachaufgaben nicht auseinandergehalten werden. Die in Wirtschaftsunternehmen typischen Funktionen, wie Forschung und Entwicklung, Marketing, Produktion, Finanzen, Rechnungswesen, Personal […] werden irrigerweise häufig als Managementaufgaben angesehen. In Wahrheit sind es Sach- oder Fachaufgaben" (Malik 2007, S. 30).

Doch auch wenn mit einer solchen Begriffsauslegung die Gefahr besteht, das eigentliche Verständnis von Management zu verwässern und gleichzeitig die Bedeutung der Betriebswirtschaftslehre für die Erklärung von Phänomenen im Kunst- und Kulturbereich gering zu schätzen, wird der in der Praxis und Forschung des Kunst- und Kulturmanagement üblichen Vorgehensweise hier nicht zuletzt aus Gründen der Vergleichbarkeit für Studierende und Praktiker gefolgt. Damit ist obige vorläufige Begriffsabgrenzung unter Berücksichtigung der gewonnenen Erkenntnisse wie folgt zu erweitern:

Definition

Kulturmanagement i.w.S. umfasst (a) Koordinations- und Steuerungsaufgaben sowie (b) typische Funktionsbereiche betrieblicher Tätigkeit, um den Prozess der Leistungserstellung und -verwertung von Kulturanbietern zu ermöglichen und langfristig zu sichern.

1.2 Kunst- und Kulturmanagement

Ergänzend sei auf Folgendes hingewiesen: Dass die in Kapitel 1.1 dargestellten Merkmale, Rahmenbedingungen und Mechanismen von Kunst und Kultur darüber hinaus jedem Manager, der in diesem Arbeitsfeld reüssieren will, bekannt sein sollten, versteht sich im Rahmen dieses Buches von selbst. Sie werden aber nicht als inhärenter Bestandteil des Kunst- und Kulturmanagement betrachtet, vielmehr finden sich hier Schnittstellen zu anderen großen Themen und Disziplinen, wie z.b. der *Kulturpolitik*, den *Kulturwissenschaften* etc.

Damit sind nunmehr die zentralen Eckpunkte für das Kunst- und Kulturmanagement und die weitere Lektüre dieses Buches abgesteckt. Von den typischen Funktionsbereichen in Kulturbetrieben, die dem Manager in Abhängigkeit seines konkreten Tätigkeitsschwerpunkts zumindest in ihren Grundzügen bekannt sein sollten, werden unter Berücksichtigung der Studie von Klein (2009a) sowie verschiedener anderer Untersuchungen (u.a. DiMaggio 1987; Rich/Martin 1997) Marketing, Finanzierung und Personal vorgestellt. Darüber hinaus wird zum Abschluss dieses Buches der Kulturtourismus thematisiert, bei dem es sich nicht um einen Funktionsbereich der (kultur-)betrieblichen Tätigkeit handelt, sondern um einen Markt, der auch im Hinblick auf die Arbeitsplatzoptionen für Kunst- und Kulturmanager zunehmend an Bedeutung gewonnen hat.

Um den Lesern einen schnellen Einstieg zu erleichtern und einen möglichst umfassenden Überblick zu den nachfolgenden Themen zu geben, wird auf eine vertiefte Diskussion an vielen Stellen verzichtet. In allen Kapiteln wird jedoch auf die relevante Fachliteratur zur weiteren Lektüre verwiesen. Abschließend bleibt anzumerken, dass die Methodenkenntnisse eines Managers im Kunst- und Kulturbereich wirkungslos bleiben werden, wenn zwei wesentliche Aspekte fehlen: „An essential ingredient in the mix of knowledge, skills, and abilities that a person brings to any arts management job must include a *passion* for what he is doing and a strong sense of *purpose*" (Byrnes 2009, S. 44; eigene Hervorhebung).

2 Das Management von Angebot und Nachfrage: Kulturmarketing

2.1 Begriff, Merkmale und Ziele des Kulturmarketing

Eine der wichtigsten Aufgaben von Kulturmanagern ist die Sicherstellung einer adäquaten Vermittlung und Vermarktung der Leistungen von Kulturbetrieben. Denn ohne das kontinuierliche Zusammenbringen von Kultur*angebot* und Kultur*nachfrage* können private Kulturbetriebe nicht und öffentliche Kulturbetriebe nur unter Inkaufnahme zahlreicher Diskussionen mit dem Träger sowie möglicherweise einschneidender Sparmaßnahmen (die bis zur Schließung führen können) existieren. Die mit dieser Sicherstellung verbundenen Aufgaben werden dem *Marketing* zugeordnet, das im kommerziellen Unternehmensbereich bereits seit langem erfolgreich eingesetzt wird und sich seit seiner Etablierung Anfang der 1950er Jahre in Forschung und Praxis kontinuierlich weiterentwickelt hat. Es gilt in seinem heutigen Verständnis als prägendes, umfassendes Prinzip der modernen Unternehmensführung (vgl. Meffert et al. 2008; Homburg/Krohmer 2009).

Doch obgleich die Anwendbarkeit des Marketing im Kulturbereich in der *Forschung* mittlerweile als unumstritten gilt und sich bereits eine Vielzahl von Publikationen mit diesem Themengebiet auseinandergesetzt hat (u.a. Klein 2005; Hausmann 2001 und 2005; Colbert 2007; Scheff Bernstein 2007; Günter/Hausmann 2009), wird Marketing in der Kultur*praxis* – besonders im öffentlichen Bereich – immer noch skeptisch beurteilt: So gilt seine Implementierung als unvereinbar mit den klassischen Aufgaben von Kulturbetrieben, führt zu einer unerwünschten Kommerzialisierung und/oder einer Nivellierung künstlerischer Inhalte. „Marketing ist Quatsch!" hat dementsprechend schon so mancher Kulturschaffender, wie z.B. Intendant Claus Peymann vom *Berliner Ensemble*, laut proklamiert (Diesselhorst 2006) – und viele andere Kulturschaffende haben dies zumindest im Stillen gedacht. Ursache hierfür ist in der Regel, dass den Skeptikern die entsprechenden Kenntnisse fehlen und der Wirkungskreis des Marketing auf einzelne Maßnahmen und Instrumente wie Werbung, Vertrieb oder Besucherforschung reduziert wird.

Vor diesem Hintergrund ist es Ziel der nachfolgenden Diskussion, zu verdeutlichen, dass Kulturmarketing mehr ist als die Anwendung von Einzelmaßnahmen und dass ein *richtiges Verständnis* dieses Konzepts weder die originären Aufgaben der Einrichtungen negativ tangiert noch die künstlerischen Ansprüche oder wissenschaftlichen Standards gefährdet (siehe hierzu auch den nachfolgenden Ausschnitt aus einem Interview mit der amtierenden Marketingleiterin der *Berliner Philharmoniker*). Der Einsatz des Marketing kann vielmehr im Gegenteil die Erreichung kulturbetriebsspezifischer Ziele unterstützen und die Position der Kulturbetriebe in der politischen (Legitimitäts-)Diskussion maßgeblich stärken.

Praxisbeispiel Marketing

„In der Regel sehe ich ein halbes Jahr im Voraus die Programmvorschau. Ich bin nicht in die Programmentstehung eingebunden. Was auch gut so ist, denn diese sollte nicht unter Vermarktungsaspekten erstellt werden. Die Herausforderungen bestehen darin, aus einem solch unkonventionellen Programm das Beste verkaufstechnisch herauszuholen. Wenn ich das Programm also erhalte, erstelle ich ein Marketing mit verschiedenen Konzepten" (KM 2008, S. 34).

Nach dieser grundsätzlichen Bestandsaufnahme kann nunmehr untersucht werden, welches die Kernaspekte des Kulturmarketing sind. Zunächst geht es ganz grundsätzlich um die Herstellung von *Austauschbeziehungen* auf relevanten Märkten: Unter Austausch ist dabei ein Prozess zu verstehen, durch den eine Partei eine gewünschte Leistung erhält, indem sie einer anderen Partei eine Gegenleistung dafür anbietet. Ob ein Austausch tatsächlich zustande kommt, hängt zwangsläufig davon ab, inwieweit dieser für die Bedürfnisbefriedigung beider Parteien geeignet ist (vgl. Meffert et al. 2008, S. 10).

Im Mittelpunkt des Kulturmarketing steht der Austausch von künstlerischen, inhaltlichen etc., aber auch nicht rein kunst- und kulturbezogenen Leistungen (z.B. Beratung, Service, Vermietung), die Kulturbetriebe erbringen, und den verschiedenen Leistungen ihrer relevanten, aktuellen und potenziellen Tauschpartner. Hierbei muss der Austausch im Sinne eine *Wertmehrung* wirken: Der Kulturbetrieb und die beteiligten Marktakteure müssen nach dem Austausch besser dastehen als vorher. Als mögliche Austauschpartner von Kulturbetrieben kommen dabei jene in Betracht, die in Kapitel 1 im Rahmen des Stakeholder-Modells aufgeführt wurden: v.a. die Besucher, aber auch die Sponsoren, Träger, Medien und viele andere, deren Gegenleistungen neben Geld (Eintrittsentgelte, Spenden etc.) auch Sachmittel, Know-how oder ehrenamtliche Unterstützung umfassen können (ausführlich hierzu Hausmann 2005, S. 12ff.).

Dabei geht es nicht um einen einmaligen Austausch – wenngleich das im Kulturbereich zwangsläufig vorkommt: Zum Beispiel dann, wenn Kulturtouristen aus finanziellen, zeitlichen oder sonstigen Gründen nur einmal im Leben die Terrakotta-Armee in China, die Pyramiden von Gizeh oder das Tadsch Mahal in Indien besuchen wollen oder können (ähnliches kann natürlich für den Besuch

2.1 Begriff, Merkmale und Ziele des Kulturmarketing

von z.b. Spezialmuseen oder Gedenkstätten im eigenen Land gelten). Diese Ausnahmen beiseite lassend, steht im Mittelpunkt des modernen Kulturmarketing das Zustandekommen mehrfacher Transaktionen. Es geht damit um ein *beziehungsorientiertes* Marketing („Relationship-Marketing"), das sich mit den Beziehungen der am Austauschprozess beteiligten oder einwirkenden Partner zum Kulturbetrieb, aber auch untereinander befasst: „Relationship marketing focuses on going beyond ‚making a sale', such as getting a person to visit the museum, into forming a more long-lasting relationship with the person. [...] The goal [...] is to build a set of relationships with key stakeholders and prospective consumers that will result in support over a long period of time" (Kotler et al. 2008, S. 26).

Neben diesem Austausch- und Beziehungsgedanken ist die *Multidimensionalität* des Marketing zu betonen, um einem einseitigen und zu kurz greifenden Verständnis vorzubeugen (ausführlich hierzu Meffert et al. 2008, S. 7ff.). Kulturmarketing verfügt also über mehrere Dimensionen und ist...

- ...durch die organisatorische Verankerung im Kulturbetrieb – in Abhängigkeit von der Größe eines Kulturbetriebs idealerweise als eigene Abteilung – *Funktion* neben anderen Funktionsbereichen (z.B. Dramaturgie, Verwaltung, Technik),
- ...durch die marktbezogene, funktionsübergreifende Koordination aller relevanten Aufgabenbereiche sowie seine konsequente Identifizierung von und Ausrichtung an Bedürfnissen der Nachfrager (und anderer Stakeholder) *Leitkonzept* und *Führungsphilosophie* im Kulturbetrieb,
- ...durch die im Rahmen der Entscheidungsfindung systematisch genutzten Techniken der Informationsgewinnung, -verarbeitung und -auswertung *Methode* und
- ...im Bemühen um die Schaffung von Nutzen beim Nachfrager und damit von Wettbewerbsvorteilen durch den gezielten Einsatz marktbeeinflussender Maßnahmen (Marketing-Mix) ebenso *Mittel*.

Die nachfolgende Abbildung 5 fasst die bisherigen Erkenntnisse im Überblick zusammen.

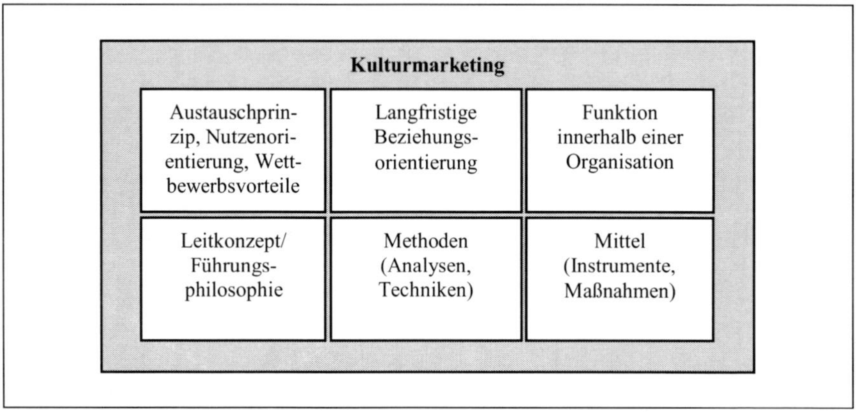

Kulturmarketing		
Austauschprinzip, Nutzenorientierung, Wettbewerbsvorteile	Langfristige Beziehungsorientierung	Funktion innerhalb einer Organisation
Leitkonzept/ Führungsphilosophie	Methoden (Analysen, Techniken)	Mittel (Instrumente, Maßnahmen)

Abb. 5: Kernaspekte des Kulturmarketing

Auf der Grundlage der vorangegangenen Ausführungen lässt sich der Begriff des Kulturmarketing wie folgt konkretisieren:

Definition

Kulturmarketing ist ein Führungskonzept, bei dem die marktbezogenen Aktivitäten und die dafür erforderlichen internen Voraussetzungen eines Kulturbetriebs so auszugestalten sind, dass dauerhaft sowohl die Organisationsziele erreicht als auch die Bedürfnisse der Nachfrager erfüllt werden.

Aus dieser Begriffsabgrenzung wird noch einmal der Austauschgedanke und das Prinzip der gegenseitigen Nutzenmehrung deutlich: Kulturmarketing ist in diesem Sinne kein Selbstzweck für den Kulturbetrieb, sondern soll die verschiedenen künstlerischen, inhaltlichen, aber z.B. auch kultur- und gesellschaftspolitischen Ziele im umfassenden Zielspektrum von Kultureinrichtungen erreichen helfen. Damit das geschieht, müssen jedoch die aktuellen *und* potenziellen Nachfrager (Kunden, Nutzer, Besucher etc.) einen Nutzen und Mehrwert durch die Inanspruchnahme von Leistungen des Kulturbetriebs erfahren – dies setzt wiederum eine konsequente Erfassung der und die Orientierung an Nachfragerbedürfnisse(n) voraus. Dabei, und das sei an dieser Stelle ausdrücklich betont, geht es keineswegs darum, alle möglichen, beliebigen Bedürfnisse zu erfüllen, sondern primär jene, die im Zusammenhang mit der Zugänglichkeit, dem Verständnis, der Nutzbarkeit und der Rezeption von Kunst und Kultur stehen. Doch dass diese Bedürfnisorientierung und insgesamt der Leitgedanke von Marketing als Füh-

2.1 Begriff, Merkmale und Ziele des Kulturmarketing

rungskonzept nicht immer so leicht im Kulturbetrieb umzusetzen ist, verdeutlicht noch einmal der nachfolgende Ausschnitt aus einem Interview mit der Marketingleiterin der Berliner Philharmoniker.

Praxisbeispiel Marketing

Auf die Frage, ob sie denn auch schon einmal mit einem Marketingkonzept über das Ziel hinaus geschossen sei, antwortet die Leiterin: „Regelmäßig. Und das müssen sie auch! Denn wenn sie in einem solchen, traditionellen Haus arbeiten – klassische Musik beruht nun einmal auf konservativem und traditionellem Gedankengut – dann treffen sie beinahe mit jeder Entscheidung an Grenzen. Und es ist wichtig, im Prozess zu sehen, ob es sich lohnt, diese Grenze gemeinsam zu überschreiten, oder man sich doch eher auf die gemeinsame Tradition besinnt. Ich allerdings gehe eher noch zwei Schritte über diese Grenze hinaus, teste die Grenze des Machbaren aus. Denn es existiert eine ganz unterschiedliche Wahrnehmung der Künstler und des Publikums. Künstler beginnen schon mit 5 Jahren mit ihrem Beruf, werden in einer ganz anderen Welt sozialisiert und manchmal ist es sehr schwierig, diese Erfahrungen in Einklang mit der Veränderungen der Außenwelt zu bringen" (KM 2008, S. 34).

Damit die einzelnen mit dem Marketing verbundenen Aufgaben *systematisch* geplant, umgesetzt und kontrolliert werden können – eine gerade auch im Kulturbereich mit seinen knappen Ressourcen besonders wichtige Anforderung –, bietet sich ein zusammenfassendes, prozessuales Vorgehen an, das in der allgemeinen Literatur auch als *Marketingmanagement* (u.a. Meffert et al. 2008, S. 19f.) oder als *strategische Marketingplanung* (u.a. Kotler et al. 2008, S. 45f.) bezeichnet wird. Ziel ist dabei die Schaffung ganzheitlicher, möglichst detaillierter *Marketingkonzepte* (oder -konzeptionen), die sowohl für einen ganzen Kulturbetrieb als auch für einzelne seiner Projekte, Produkte oder Leistungen erstellt werden können. Wie in Abbildung 6 idealtypisch dargestellt, werden die Aufgaben der Planung, Umsetzung und Kontrolle sämtlicher Marketingaktivitäten unterschiedlichen Phasen des Marketingmanagementprozesses zugeordnet (siehe hierzu auch Homburg/Krohmer 2009, S. 14ff.; Klein 2005, S. 113ff.; Günter/Hausmann 2009, S. 19f.); sie umfassen im Einzelnen:

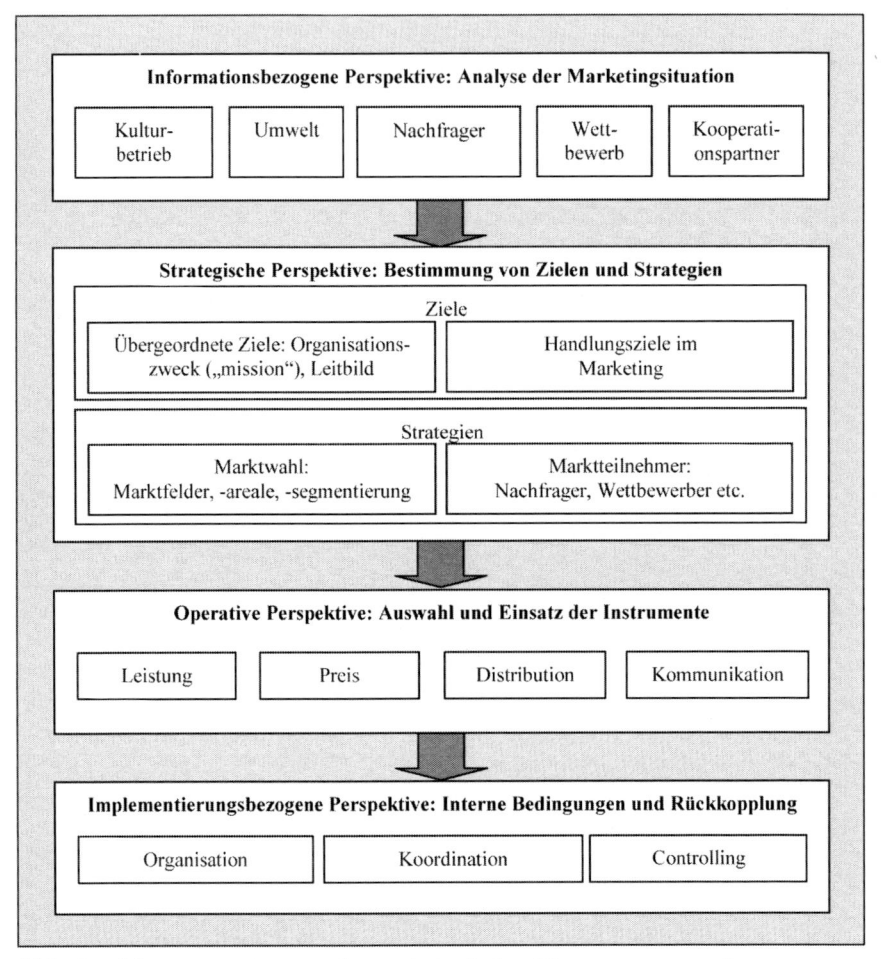

```
┌─────────────────────────────────────────────────────────────────────┐
│  Informationsbezogene Perspektive: Analyse der Marketingsituation   │
│                                                                     │
│  ┌─────────┐ ┌────────┐ ┌──────────┐ ┌────────┐ ┌──────────────┐   │
│  │ Kultur- │ │ Umwelt │ │ Nachfrager│ │ Wett-  │ │ Kooperati-   │   │
│  │ betrieb │ │        │ │          │ │ bewerb │ │ onspartner   │   │
│  └─────────┘ └────────┘ └──────────┘ └────────┘ └──────────────┘   │
└─────────────────────────────────────────────────────────────────────┘
                                 ⬇
┌─────────────────────────────────────────────────────────────────────┐
│  Strategische Perspektive: Bestimmung von Zielen und Strategien     │
│                              Ziele                                  │
│  ┌──────────────────────────────────┐ ┌──────────────────────────┐ │
│  │ Übergeordnete Ziele: Organisations-│ │ Handlungsziele im       │ │
│  │ zweck („mission"), Leitbild        │ │ Marketing               │ │
│  └──────────────────────────────────┘ └──────────────────────────┘ │
│                           Strategien                                │
│  ┌──────────────────────────────────┐ ┌──────────────────────────┐ │
│  │ Marktwahl:                        │ │ Marktteilnehmer:         │ │
│  │ Marktfelder, -areale, -segmentierung│ │ Nachfrager, Wettbewerber etc.│ │
│  └──────────────────────────────────┘ └──────────────────────────┘ │
└─────────────────────────────────────────────────────────────────────┘
                                 ⬇
┌─────────────────────────────────────────────────────────────────────┐
│  Operative Perspektive: Auswahl und Einsatz der Instrumente         │
│                                                                     │
│  ┌──────────┐ ┌────────┐ ┌──────────────┐ ┌────────────────┐        │
│  │ Leistung │ │ Preis  │ │ Distribution │ │ Kommunikation  │        │
│  └──────────┘ └────────┘ └──────────────┘ └────────────────┘        │
└─────────────────────────────────────────────────────────────────────┘
                                 ⬇
┌─────────────────────────────────────────────────────────────────────┐
│  Implementierungsbezogene Perspektive: Interne Bedingungen und Rückkopplung │
│                                                                     │
│  ┌──────────────┐ ┌──────────────┐ ┌──────────────┐                 │
│  │ Organisation │ │ Koordination │ │ Controlling  │                 │
│  └──────────────┘ └──────────────┘ └──────────────┘                 │
└─────────────────────────────────────────────────────────────────────┘
```

Abb. 6: Managementprozess bzw. strategischer Planungsprozess des Kulturmarketing

- Die frühzeitige Erfassung und Analyse der für den Kulturbetrieb relevanten (externen) Anspruchsgruppen, wie zum Beispiel der Wettbewerber, Kooperationspartner und Besucher, sowie der kulturbetriebsspezifischen (internen) Situation („analytische oder informationsbezogene Perspektive").
- Die Festlegung marktorientierter Ziele und Strategien, das heißt den Entwurf eines längerfristigen, auf die relevanten Marktteilnehmer (Besucher,

Kulturpolitiker, Medien, Sponsoren etc.) und die relevante Umwelt ausgerichteten Verhaltensplans („strategische Perspektive").

- Der kurzfristiger angelegte, planmäßige und zieladäquate Einsatz der verschiedenen Instrumente des Marketing in der Kulturpraxis („operative oder instrumentelle Perspektive").
- Die Koordination aller marktgerichteten Aktivitäten innerhalb des Kulturbetriebs, z.B. auch durch eine entsprechende organisatorische Verankerung des Marketing, sowie deren Kontrolle zur Erfassung ihrer Wirksamkeit und zur Initiierung eines Rückkopplungsprozesses für künftige Maßnahmen („implementierungsbezogene Perspektive").

Nachfolgend werden die o.g. Aspekte des Management- bzw. Planungsprozesses im Kulturmarketing in ihren Grundzügen vorgestellt. Ziel ist es hierbei, den Kulturmanager für die Zusammenhänge im Kulturmarketing sowie dessen Kernaufgaben zu sensibilisieren. Für eine ausführlichere Diskussion der dargestellten Sachverhalte wird jeweils auf entsprechende Standardwerke zum Kulturmarketing verwiesen. Hierzu gehören im deutschsprachigen Raum v.a. Klein (2005), Hausmann (2005) und Günter/Hausmann (2009) sowie im englischsprachigen Raum v.a. Colbert (2007) und Kotler et al. (2008).

2.2 Informationsbezogene Perspektive des Kulturmarketing

Für den Erfolg von Marketingentscheidungen eines Kulturbetriebs ist es wesentlich, dass sie auf einer soliden Informationsbasis getroffen werden. Ohne eine fundierte *Analyse der Marketingsituation* besteht die Gefahr, dass suboptimale Entscheidungen getroffen und wertvolle Ressourcen verschwendet werden. Mit Hilfe der Marktforschung können auf der Grundlage wissenschaftlicher Methoden systematisch entscheidungsrelevante Informationen für das Marketing erhoben, analysiert und interpretiert werden. Im Bereich der Marktforschung von Kulturbetrieben spielt neben der *Konkurrenzforschung*, *Umweltanalyse* und *internen Analyse* (ausführlich hierzu Hausmann 2005 und Klein 2005) vor allem die *Besucheranalyse* eine wesentliche Rolle, weshalb hierauf im Weiteren näher eingegangen werden soll (vgl. Butzer-Strothmann et al. 2000; Günter 2006; Glogner/Föhl 2009).

Die Gewinnung von Informationen über die Besucher kann grundsätzlich auf zwei Wegen erfolgen. Im Falle der *Sekundärmarktforschung* werden Daten beschafft, die an anderer Stelle, meist auch für andere oder übergeordnete Zwecke erhoben wurden, damit bereits vorliegen und ausgewertet werden können. Hierbei kann es sich um Daten der amtlichen Statistik handeln oder von kulturspezifischen Verbänden und Instituten (z.B. Deutscher Kulturrat, Deutscher Bühnenverein, Deutscher Orchesterverband, Institut für Museumsforschung). Sekundärmarktforschung ist zumeist kostengünstig und weniger aufwändig. Allerdings muss die Frage beantwortet werden, ob das vorliegende Datenmaterial den eigenen Informationsbedarf deckt oder ob kulturbetriebsspezifische Besonderheiten etc. die Verwendbarkeit der Sekundärdaten einschränken.

Präziser können Erhebungen der *Primärmarktforschung* sein. Bei der Primärmarktforschung wird Informationsmaterial zum ersten Mal und speziell für die beabsichtigten Zwecke erhoben. Dies ist in der Regel aufwändiger und dauert länger, kann aber das spezifische Informationsbedürfnis eines bestimmten Kulturbetriebs besser erfüllen. Es stellt sich die Frage, wer Träger der Primärforschung sein soll. Zwar liegt mit der Untersuchung von Butzer-Strothmann et al. (2000) ein dezidierter Leitfaden für die Erstellung von Publikumsanalysen im Kultur- bzw. Theaterbereich vor, dennoch wird es aufgrund von fehlendem Personal oder Know-how in vielen (v.a. öffentlichen und gemeinnützigen) Kulturbetrieben häufig sinnvoll sein, externe Experten bei der Konzeption, Durchführung und Auswertung einzubeziehen.

Ungeachtet der Entscheidung, wer die Datenerhebung im Rahmen der Primärmarktforschung durchführt, stehen hierfür grundsätzlich folgende Instrumente zur Verfügung (ausführlicher hierzu Hausmann 2005, S. 57ff.; Meffert et al. 2008, S. 156ff.):

- *Befragung*: Im Rahmen der Besucherforschung von Kulturbetrieben ist die Befragung das am weitesten verbreitete Erhebungsverfahren. Ziel und Aufgabe bestehen darin, ausgewählte Personen (in der Regel eine Stichprobe aus einer Grundgesamtheit) zu vorab festgelegten Themenkreisen Auskunft geben zu lassen. Die Befragung kann sowohl mündlich (persönliches Interview oder telefonisch) als auch schriftlich mit Hilfe von Fragebögen (offline oder online) durchgeführt werden.

- *Beobachtung*: Hier werden bestimmte Tatbestände zum Zeitpunkt ihres Geschehens allein durch Wahrnehmung festgehalten (z.B. Besucheraufkommen in der Museumsgastronomie zu einer bestimmten Tageszeit oder Verhalten von Wartenden an der Abendkasse eines Theaters). Naturgemäß ist diese Methode auf solche Phänomene beschränkt, die sich tatsächlich beobachten lassen.

- *Experiment*: Unter einem Experiment (Test) wird eine wiederholbare, unter kontrollierten, vorher festgelegten Bedingungen durchgeführte Versuchsanordnung verstanden. Ziel ist es, den Einfluss eines unabhängigen Faktors (z.B. Besucherleitsystem) auf eine abhängige Variable (z.B. Besucherlaufwege im Eingangsbereich eines Museums) zu erfassen.

2.3 Strategische Perspektive des Kulturmarketing

Insgesamt dient die Besucherforschung dazu, mehr über die Besucher von Kultureinrichtungen zu erfahren. Hierzu gehören Informationen zu *soziodemographischen* (Alter, Einkommen, Beruf, Schulabschluss, Wohnort etc.) und *verhaltensorientierten* Merkmalen (Besuchshäufigkeit, Besuchsanlässe, Besucherstatus, Anreiseverhalten etc.), aber auch Informationen zu *Erwartungen, Einstellungen, Besuchs-* bzw. *Nutzungsbarrieren* und *Zufriedenheit*. Nachfolgendes Praxisbeispiel zeigt, welche Erkenntnisse über Besucher im Rahmen einer Besucherbefragung konkret gewonnen werden können. Es ist offensichtlich, dass Einrichtungen wie die Kunsthalle Bremen auf Grundlage solcher Informationen gezieltere Maßnahmen (im Marketing, aber z.B. auch im Hinblick auf Kooperationen) einleiten können.

Praxisbeispiel Besucherforschung

Die *Kunsthalle Bremen* hat während der Laufzeit ihrer Ausstellung zu Paula Modersohn-Becker („Paula in Bremen") eine Besucherbefragung durchgeführt. Von den über 220.000 Besuchern, die die Ausstellung sahen, konnten 2.086 hinsichtlich verschiedener Aspekte befragt werden. Hierzu gehörten im Einzelnen (in der Klammer findet sich die jeweils häufigste Nennung): Grund für den Besuch in Bremen (78% kamen wegen der Ausstellung), Aufenthaltsdauer (Übernachtungsgäste blieben 1,69 Tage), Art der Übernachtung (61% blieben im Hotel, 34% bei Freunden), Art der Zusatzaktivitäten (Gastronomie, andere Museen, Einkäufe und Besuch anderer Sehenswürdigkeiten), Art der Anreise (47% kamen mit der Bahn, 46% mit dem Pkw), Anlass des Besuches (37% kamen aufgrund der Berichterstattung in den Medien, 30% aufgrund persönlicher Empfehlungen, 28% aufgrund von Werbemaßnahmen), Bildungsabschluss (58% haben ein Studium), Herkunft/Wohnort (43% kamen aus einem Umkreis von bis zu 250 km, 22% waren über 250 km angereist, 17% waren aus Bremen) (vgl. Kunsthalle Bremen 2008, S. 36).

2.3 Strategische Perspektive des Kulturmarketing

Sobald die relevanten Informationen zur Marketingsituation eines Kulturbetriebes vorliegen, können auf dieser Grundlage in der nächsten Phase des Management- bzw. Planungsprozesses Entscheidungen hinsichtlich geeigneter Ziele und Strategien getroffen werden: Während die Marketing*ziele* zukunftsgerichtete Vorgaben für einen Kulturbetrieb darstellen („Wo wollen wir hin?"), geben die Marketing*strategien* die grundsätzliche Vorgehensweise bzw. den strukturierenden Rahmen vor („Wie kommen wir dahin?"), innerhalb dessen in einer weiteren Phase des Planungsprozesses die Festlegung einzelner Instrumente bzw. des Marketing-Mix erfolgt („Was muss dafür eingesetzt werden?"). Die beiden erstgenannten Ebenen werden nachfolgend näher betrachtet (zu den Marketinginstrumenten siehe Kapitel 2.4).

2.3.1 Ziele

Ziele stellen zentrale *Orientierungsgrößen* für das Handeln eines Kulturbetriebs dar. Mit ihrer Hilfe werden Aussagen über anzustrebende Zustände getroffen, die mit entsprechenden (Marketing-)Strategien und Maßnahmen erreicht werden sollen. Trotz dieser wichtigen Aufgabe ist die Formulierung von und die Orientierung an verbindlichen, operationalisierbaren Zielvorgaben – v.a. im öffentlichen und gemeinnützigen Kulturbereich – noch wenig verbreitet. Als Ursache wird häufig angeführt, dass Kulturbetriebe vorrangig Ziele verfolgen, die künstlerischer, ästhetischer etc. Natur sind und sich einer verbindlichen Definition sowie einer intersubjektiv nachprüfbaren Messung weitgehend entziehen. Vor diesem Hintergrund werden auch von den Trägern in der Regel nur wenige Vorgaben gemacht.

Es ist offenkundig, dass diese Situation – für die Kulturbetriebe selbst aber auch für ihre Träger – Probleme bergen kann: Während z.B. den Verantwortlichen aus Politik und Verwaltung die erforderlichen Maßstäbe fehlen, um die Effizienz und Effektivität der von ihnen geförderten Kulturarbeit prüfen zu können, fehlt der Leitungsebene im Kulturbetrieb ein wichtiger Legitimationsnachweis in der Diskussion um diese Finanzmittel. Zudem läuft sie ohne eine zielorientierte Ausrichtung Gefahr, auf Markt- und Umweltveränderungen nur mit verzögerter Anpassung – und damit in aller Regel zu spät – reagieren zu können.

Wie aber lassen sich geeignete Ziele festlegen? Diesbezüglich ist es zunächst sinnvoll, die Zielentwicklung zu systematisieren, den Zielbegriff breiter aufzufächern und eine Zielpyramide aufzustellen, wobei die Zahl und der Konkretisierungsgrad der Ziele von der Spitze bis zur Basis zunehmen. Auf der höchsten Handlungsebene eines Kulturbetriebs findet sich dabei der übergeordnete, eher allgemein formulierte Organisationszweck, auf der untersten stehen die konkreten Handlungsziele des Marketing.

Der *Organisationszweck* eines Kulturbetriebs – auch als (business bzw. corporate) „mission" bezeichnet – definiert, welche Leistungen grundsätzlich erbracht werden sollen. Diese oberste Zwecksetzung wird bei öffentlichen Kulturbetrieben vom Träger oder durch eine öffentliche, z.B. gesetzlich festgelegte Aufgabe vorgegeben und im privaten Kulturbetrieb von den Eignern festgelegt.

2.3 Strategische Perspektive des Kulturmarketing

In der Regel sind die hier – im *Mission Statement* – gemachten Vorgaben allerdings zu wenig präzise, um als tragfähiger Orientierungsrahmen für Marketingkonzeptionen dienen zu können. Im Kulturbereich ist es daher empfehlenswert, *Leitbilder* als Grundlage für die Bestimmung des Selbstverständnisses und der Ableitung von (Marketing-)Zielen heranzuziehen. Leitbilder sind eine geeignete Basis, um einen Konsens zwischen allen Mitarbeitern über wünschenswerte Arbeitsergebnisse zu erreichen und diesen Konsens zum Maßstab für die Aufgabenerfüllung jedes Einzelnen zu machen. Leitbilder umfassen typischerweise Aussagen über den Charakter und die primären Leistungen der Institution, die zentrale Aufgabe der Einrichtung, die Art und Weise, wie die Beteiligten miteinander arbeiten wollen, und wer mit dem kulturellen (Dienstleistungs-)Angebot primär erreicht werden soll (vgl. Günter/Hausmann 2009, S. 27).

In engem Zusammenhang mit Mission Statement und Leitbild steht die *Organisationsidentität* (Corporate Identity), in der sich die Tradition und Führungskultur eines Kulturbetriebs sowie die geteilten und im Arbeitsalltag gelebten Einstellungen, Werte und Normen der Mitarbeiter ausdrücken. Sie zeigt sich im Handeln und Verhalten der Mitarbeiter gegenüber den verschiedenen Austauschgruppen und wird von diesen auch wahrgenommen. Es können mit dem Corporate Design, dem Corporate Behaviour und der Corporate Communication drei grundlegende Bereiche der Corporate Identity unterschieden werden (ausführlicher hierzu Hausmann 2005, S. 110f.).

Aus Organisationszweck, Leitbild und Corporate Identity lassen sich konkrete *Handlungsziele* für das Kulturmarketing ableiten. Damit diese Ziele ihrer Funktion als Orientierungs- bzw. Steuerungsinstrument gerecht werden können, müssen sie realistisch sein, d.h. mit den im Kulturbetrieb vorhandenen Ressourcen erreichbar sowie operationalisierbar, d.h. ihre (Nicht-)Erreichung lässt sich mit entsprechenden Methoden messen. Bei der konkreten Formulierung von Marketingzielen sind vier Dimensionen zu beachten:

- Der *Zielinhalt* enthält Aussagen darüber, was von einem Kulturbetrieb angestrebt wird (Erhöhung der Besucherzahlen, Erhöhung des Anteils junger oder überregionaler Besucher, Erhöhung des Bekanntheitsgrads etc.).
- Das *Zielausmaß* beschreibt, in welchem Umfang ein Ziel erreicht werden soll (z.B. Erhöhung der Einnahmen aus Eintrittskartenverkauf um 10%).
- Der *Zeitbezug* grenzt den Zeitraum ab, innerhalb dessen ein Ziel erreicht werden soll (z.B. Erhöhung der Abonnentenzahl um 5% in der nächsten Spielzeit). Hierbei kann zwischen kurz-, mittel- und langfristigen Zielen unterschieden werden.

- Das *Zielsubjekt* beschreibt jene Person, die für die Zielerreichung und die dazu erforderliche Koordination entsprechender Ressourcen verantwortlich ist (z.b. Leiterin Marketing und Kommunikation, Mitarbeiter Öffentlichkeitsarbeit).

Eine mögliche Vorgehensweise zur Kategorisierung von Zielen ist die Unterscheidung in ökonomische und psychologische Ziele: *Ökonomische* Ziele lassen sich anhand von Markttransaktionen (Kauf, Besuch, Nutzung etc.) messen, *psychologische* Ziele beziehen sich demgegenüber auf die mentalen Prozesse (Einstellung, Zufriedenheit etc.) beim Nachfrager. Alle Zielsetzungen im Rahmen von Marketingkonzeptionen sind nach Maßgabe vorhandener Kapazitäten und Ressourcen laufend zu überwachen und zu überprüfen. Auf diese Weise kann festgestellt werden, ob das Kulturmanagement noch „auf Kurs" ist und die knappen Ressourcen an den richtigen Stellen eingesetzt werden. Diese Zielüberprüfung stellt gleichzeitig den Baustein eines umfassenden *Marketingcontrolling* (vgl. Kapitel 2.5) dar.

2.3.2 Strategien

Marketingstrategien stellen das Scharnier dar zwischen den Marketingzielen und den Marketinginstrumenten, indem sie die grundsätzliche Vorgehensweise bestimmen. Allgemein stehen den Kultureinrichtungen eine Vielzahl von Strategien zur Verfügung; Tabelle 4 zeigt in Anlehnung an Meffert et al. (2008) eine mögliche Strategiesystematik. Die dieser Systematik zugrunde liegenden Überlegungen sollen im vorliegenden Rahmen lediglich skizziert werden; für eine ausführliche Diskussion siehe Hausmann 2005, S. 86ff. und Günter/Hausmann 2009, S. 39ff.

Hervorzuheben ist, dass sich ein Kulturbetrieb auf *jeder* der aufgeführten Ebenen strategisch festlegen muss. Dabei lassen sich zwei übergeordnete Strategien unterscheiden, denen im Weiteren konkrete Handlungsoptionen zugeordnet werden können. Bei den Markt*wahl*strategien geht es um eine Bestimmung von Produkt-Markt-Kombinationen, die Reichweite bzw. das Einzugsgebiet eines Kulturanbieters und den Differenzierungsgrad seiner Marktbearbeitung. Bei den Markt*teilnehmer*strategien geht es um das Verhalten gegenüber den relevanten Marktakteuren, wobei hier Nachfrager und Wettbewerber (bzw. Kooperationspartner) im Vordergrund stehen.

2.3 Strategische Perspektive des Kulturmarketing

Basisstrategien	Strategiedimension	Inhalt der strategischen Festlegung	Strategische Optionen
Markt*wahl*strategien	Marktfeldstrategie	Festlegung der Produkt-Markt-Kombination(en)	• Gegenwärtige oder neue Produkte in gegenwärtigen oder neuen Märkten • Rückzug aus bestehenden Märkten
	Marktarealstrategie	Bestimmung des Markt- bzw. Absatzraumes	• Lokal, regional, national, international
	Marktsegmentierungsstrategie	Differenziertheit der Marktbearbeitung	• undifferenziert • differenziert
Markt*teilnehmer*strategien	Nachfragerbezogene Strategien	Festlegung von Art und Weise der Marktbearbeitung	• Innovationsstrategie • Qualitätsstrategie • Markenstrategie • Programm-/Servicestrategie • Preis-Mengen-Strategie • Bindungsstrategie
	Wettbewerbsbezogene Strategie	Verhalten gegenüber den Konkurrenten	• Kooperation • Anpassung • Vermeidung • Konflikt

Tab. 4: Systematisierungsraster für Kulturmarketingstrategien

Zu den Strategien im Einzelnen: Auf der ersten Ebene (*Marktfeldstrategien*) ist festzulegen, welche Aktivitätsbereiche das Kulturmarketing umfasst. Eine Produkt-Markt-Kombination steckt das jeweilige „strategische Geschäftsfeld" ab, für das eine Strategie gelten soll. Im Theaterbereich kommen hier z.b. die einzelnen Sparten in Betracht (Sprechtheater, Musiktheater, Ballett/Tanztheater, Kinder- und Jugendtheater). Die von Ansoff (1966) entwickelten vier Basisoptionen der Marktdurchdringung, Marktentwicklung, Produkt-/Dienstleistungsentwicklung und Diversifikation gelten mit Einschränkungen und Modifikationen auch für Kulturbetriebe. Ihr Inhalt ist die Entscheidung, ob sich eine Kultureinrichtung an das bisherige Publikum wendet oder ein neues Publikum erschließt – mit Angeboten, die auch bisher schon zur Verfügung gestellt wurden (Marktdurchdringung bzw. Marktentwicklung) oder mit neuen Angeboten (Dienstleistungsentwicklung bzw. Diversifikation). Eine weitere Option kann der Rückzug aus einem Markt sein, z.B. weil die Nachfrage nach einer Leistung sinkt oder die personellen Ressourcen zur Bearbeitung dieses Markts nicht ausreichen.

Die nächste Ebene des Strategierasters betrifft *Marktarealstrategien*, die den geographischen Einzugsbereich eines Kulturbetriebs bestimmen. Unter Berücksichtigung von Kosten und Erlösen muss geprüft werden, ob sich ein Kulturbetrieb auf lokale und regionale Besucher konzentrieren sollte oder auch überregionale Zielgruppen und Kulturtouristen ansprechen kann. Letzteres kommt insbesondere für Anbieter mit deutlichem Alleinstellungsmerkmal, hoher Reputation und solider Ausstattung mit Finanzmitteln in Frage (wie z.b. die Bayerische Staatsoper, Museumsinsel Berlin oder die Bregenzer Festspiele).

Auf der dritten Ebene (*Markt- bzw. Besuchersegmentierungsstrategie*) ist über den Differenzierungsgrad der Marktbearbeitung zu entscheiden. Unter Marktsegmentierung wird die Aufteilung eines sich aus einer Vielzahl aktueller und potenzieller Besucher zusammensetzenden (heterogenen) Gesamtmarkts in bezüglich ihres Verhaltens und ihrer Bedürfnisse möglichst homogene Teilmärkte (Besuchersegmente) verstanden. Hierbei ist es vorrangiges Ziel, zwischen den vom Kulturbetrieb angebotenen Leistungen und den Bedürfnissen der verschiedenen Zielgruppen eine möglichst hohe Kongruenz herzustellen: So haben junge Theaterbesucher in der Regel andere Vorkenntnisse, Bedürfnisse und Erwartungen als ältere Besucher, Erstbesucher eines Museums andere als dessen Stammbesucher etc. Das nachfolgende Beispiel des *Konzerthauses Berlin* zeigt, wie Kultureinrichtungen versuchen, auch unter Einsatz der neuen Medien zielgruppenspezifisch vorzugehen.

Praxisbeispiel Besuchersegmentierung

Das *Konzerthaus Berlin* ging Mitte Mai 2010 mit einer neuen Website für Kinder und Jugendliche online (www.junior-konzerthaus.de). Dort finden Kinder und Jugendliche nicht nur Programmtexte zu den für sie konzipierten Veranstaltungen, sondern werden in die (ihnen zumeist noch unbekannte) Welt der (klassischen) Musik eingeführt. Da die Zielgruppe einen weit gespannten Altersbogen umfasst und dennoch ganz individuell angesprochen werden soll, wurden die Inhalte in drei Alters-Cluster aufgeteilt, die per Icons angesteuert werden. Zudem gibt es Icons für das Orchester, Spiele, Videocasts, Verlosungen und anderes mehr. Die neue Website setzt auf Partizipation, Interaktion und lebendigen Austausch. Die Homepage wird stetig ausgebaut, junge Reporter werden zu Veranstaltungen, Proben und Workshops eingeladen, um selbst Texte, Fotos und vielleicht auch Filme zu produzieren (entnommen aus: www.dasorchester.de, Stand Juli 2010).

Im Anschluss an die Festlegung der Marktwahlstrategien geht es um die Bestimmung geeigneter Verhaltenspläne gegenüber den relevanten Marktteilnehmern. Im ersten Schritt muss über die Strategieoptionen entschieden werden, die zu einer Kauf-/Nutzungspräferenz beim Nachfrager und zu einem Wettbewerbsvorteil führen *(nachfragerbezogene Strategien)*. Solche Präferenzen und Vorteile lassen sich z.b. durch *Innovationen* (Art der Aufführung, neueste Technik etc.), *Qualität* (sowohl im künstlerischen als auch im Servicebereich), Markierung und *Markenführung* (durch Schaffung eines einzigartigen Profils und klaren Vorstellungsbildes in den Köpfen der Nachfrager), *Service* in den verschiedenen Besucherkontaktbereichen und den Aufbau langfristiger Beziehungen mit dem Besucher *(Besucherbindung)* schaffen.

Auf der fünften Ebene *(wettbewerbsbezogene Strategien)* sind Entscheidungen zum Verhalten gegenüber den Konkurrenten zu treffen. Neben imitativen, vermeidenden und konfliktären Strategien, also z.b. durch Imitation von Angeboten (sowohl im Kern- als auch im Servicebereich), durch die Ansprache anderer Zielgruppen oder durch die Einleitung aggressiver Maßnahmen (Preissenkung unterhalb der Vollkostendeckung, Schaffung von Allianzen mit Kulturpolitikern oder Medien etc.), bietet sich im Kulturbereich v.a. auch die Kooperation mit anderen Kultur-, Freizeit- oder sonstigen Anbietern als Wettbewerbsstrategie an. Derartige Netzwerke sind immer dann besonders erwägenswert, wenn durch die Bündelung von Ressourcen und Know-how Kosten gesenkt, neue Zielgruppen erschlossen oder bestimmte Angebote überhaupt erst möglich gemacht werden können.

Abschließend bleibt festzuhalten, dass in Abhängigkeit davon, welche Strategieauswahl ein Kulturanbieter auf den jeweiligen Ebenen trifft, ein *mehrdimensionales Strategieprofil* entsteht, aus dem erkennbar wird, über welche strategische Positionierung und Ausrichtung das Kulturmarketing verfügt.

2.4 Operative bzw. instrumentelle Perspektive des Kulturmarketing

2.4.1 Der Marketing-Mix und seine Wirkungszusammenhänge

Wie eingangs in diesem Kapitel dargelegt, ist Marketing im Bemühen um die Schaffung von Präferenzen und damit die Erringung von Wettbewerbsvorteilen durch den gezielten Einsatz marktbeeinflussender Maßnahmen auch *Mittel*. Die hierbei zur Verfügung stehenden Instrumente werden in der Literatur als *Marketing-Mix* oder – v.a. auch im englischsprachigen Raum (u.a. Kotler et al. 2008, S. 28; Armstrong et al. 2009, S. 55ff.) – als die vier „Ps" bezeichnet (siehe Abb. 7):

Kulturmarketing-Mix	
product (Entwicklung, Variation, Differenzierung etc. von Leistungen)	*price* (Festlegung, Bündelung, Differenzierung etc. von Entgelten)
promotion (Gewinnung, Aufbereitung und Vermittlung von Informationen)	*place* (Entscheidung über Absatzwege, Gestaltung der „physical facilities")

Abb. 7: Kulturmarketing-Mix (vier „P" des Kulturmarketing)

- Die Produktpolitik („*product*") befasst sich mit der Gestaltung der materiellen und immateriellen Angebote im Kern- und Zusatzbereich eines Kulturbetriebs. Da der Anteil von Gütern mit einem hohen Anteil an Immaterialität (so genannte Dienstleistungen) im Kulturbereich überwiegt, wird hier im Weiteren nicht von Produkt-, sondern von Leistungspolitik gesprochen (siehe zu dieser Diskussion auch Meffert/Bruhn 2009, S. 245ff.).

- Die Preispolitik („*price*") umfasst sämtliche Entscheidungen hinsichtlich der Art und Höhe der für die verschiedenen Leistungen zu entrichtenden Entgelte, Gebühren und Preise.

- Im Mittelpunkt der Distributionspolitik („*place*") stehen in erster Linie Absatzwegeentscheidungen, aber auch Maßnahmen zur Ausgestaltung des physischen Ortes („physical facilities"), an dem kulturelle Leistungen bezogen oder genutzt werden können.

- Die Kommunikationspolitik („*promotion*") befasst sich mit der Gewinnung, Aufbereitung und Vermittlung von Informationen zwischen Kulturanbietern und ihren relevanten Austauschgruppen.

Einige Autoren zählen weitere „P" zum Kanon, vor allem auch „people" werden in der Literatur häufig genannt (u.a. Kotler et al. 2008, S. 28; Meffert/Bruhn 2006, S. 389.). Diese Erweiterung des Marketing-Mix ergibt sich aus der zentralen Bedeutung, die die Mitarbeiter für die Leistungserstellung und das Leistungsergebnis im Bereich Kunst und Kultur haben. Kotler et al. (2008, S. 28)

2.4 Operative bzw. instrumentelle Perspektive des Kulturmarketing 53

bringen es für den Museumssektor wie folgt auf den Punkt: „A museum's staff can either enhance a visitor's value or diminish it, based on their behavior. It is essential in a museum for a staff to be welcoming, courteous, and informative." Doch obwohl diese grundsätzliche Bedeutung des Personals für den Erfolg der Arbeit von Kulturbetrieben von der Autorin vollumfänglich anerkannt wird, sollen die Mitarbeiter hier nicht dem Marketing-Mix zugeordnet, sondern aus Gründen der Stringenz im Aufbau dieses Buchs als weiteres Aufgabengebiet im Kulturmanagement diskutiert werden (siehe hierzu Kapitel 3). Auf diese Weise wird es gerade auch den Novizen im Kulturmanagement leichter gemacht, die unterschiedlichen Funktionsbereiche dieses Fachs in ihrer Eigenständigkeit zu sehen und im Gesamtkontext einzuordnen. Dessen ungeachtet bleibt zu betonen, dass personal- und marketingbezogene Aspekte im Dienstleistungsbereich eng miteinander verwoben sind (siehe hierzu auch Hausmann 2005, S. 146ff.).

Abschließend sei darauf verwiesen, dass der Erfolg des Marketing immer auch von der Gesamtkonzeption und damit von der Abstimmung der einzelnen Instrumente untereinander abhängt („integratives Marketing"). Bei der Planung des Marketing-Mix ist im Hinblick auf die Erreichung der Marketingziele daher die Frage zu beantworten, welche Marketinginstrumente wie auszugestalten und mit welcher Intensität einzusetzen sind. Da zwischen den einzelnen Instrumenten vielfältige Wirkungszusammenhänge bestehen (ausführlicher hierzu Günter/ Hausmann 2009, S. 83f.), gilt die sorgfältige Abstimmung der einzelnen Instrumente aufeinander als ein wesentlicher Erfolgsfaktor im Kulturmarketing. Diese Wechselbeziehungen können dabei sowohl *indifferent* (ein Instrument verhält sich neutral gegenüber dem Einsatz eines oder mehrerer anderer Instrumente), *komplementär* (die Anwendung eines Instruments fördert die Wirkung eines oder mehrerer anderer Instrumente) als auch *konkurrierend* (die Wirkungseffekte verschiedener Instrumente konterkarieren sich) sein.

2.4.2 Leistungspolitik

Die Leistung eines Kulturbetriebs ist ganz allgemein charakterisiert als ein Bündel von Eigenschaften, die kombiniert werden und die erlauben, die verschiedenen Bedürfnisse eines Nachfragers (z.B. Auseinandersetzung mit Kunst und Kultur, Bildungserlebnis, geistige Anregungen, sinnvolle Freizeitgestaltung, interessante „Location" für ein Treffen mit Freunden) zu befriedigen und damit einen möglichst großen Kunden- bzw. Besuchernutzen zu schaffen. Innerhalb des Leistungsbündels können die so genannten Kern- und Zusatzleistungen unterschieden werden, wobei eine Abgrenzung nicht immer überschneidungsfrei erfolgen kann (ausführlicher hierzu Hausmann 2001 und 2005). Grundsätzlich gehören zum *Kernbereich* jene Leistungen, die maßgeblich den Aufgabenbereich von Kultureinrichtungen konstituieren, wie bei einem Festival z.B. die Aufführungen. Aber auch Leistungen der Dramaturgie bzw. der Pädagogik können z.B. in Museen, Orchestern oder Theatern den „core services" zugerechnet werden. Neben diesen Kernleistungen enthält das Leistungsbündel von Kulturbetrieben Produkte und Dienstleistungen aus dem so genannten *Zusatz- bzw. Servicebereich*. Zu diesen „value added services" gehören etwa Homepage, Gastronomie, Shop, Kinderbetreuung, „Blick hinter die Kulissen" (z.B. im Theater) oder die Vermietung von Räumen für private Zwecke. Diese zusätzlichen, die Kernleistungen ergänzenden oder abrundenden Angebote tragen zur Generierung eines (Mehr-)Werts bei, der nicht allein durch die Kernleistung begründet werden kann. Sie dienen außerdem der Abgrenzung gegenüber Wettbewerbern mit ähnlichen Kulturangeboten. Zusatzleistungen dürfen in ihrer Bedeutung für die Zufriedenheit der Besucher mit ihrem Aufenthalt im Kulturbetrieb insgesamt nicht unterschätzt werden, denn Kern- und Zusatzbereich sind grundsätzlich eng miteinander verwoben: Sie bilden zusammen das Erlebnis "Kulturbesuch" und prägen daher gemeinsam den Gesamteindruck des Besuchers von einem Kulturbetrieb.

Die Leistungspolitik umfasst die Analyse, Planung, Umsetzung und Kontrolle aller Aktivitäten bezüglich der Kern- und Zusatzleistungen eines Kulturbetriebs. Hierbei lassen sich vier Handlungsfelder abgrenzen, die zwei grundsätzliche Entscheidungstatbestände betreffen: Das Management *neuer* Produkte und Dienstleistungen (Innovation) und das Management *etablierter* Produkte und Dienstleistungen (Variation, Differenzierung und Eliminierung).

- *Leistungsinnovation:* Unter Leistungsinnovation wird die Entwicklung und Einführung neuer Produkte und Dienstleistungen verstanden. Dabei kann unterschieden werden zwischen einer *echten* Innovation (d.h. die Leistung ist für den Besucher und den Kulturbetrieb neu) und einer *unechten* Innovation (d.h. die Leistung ist neu für den Kulturbetrieb, nicht jedoch für den Besucher). Durch Leistungsinnovationen, wie z.B. einen SMS-Informationsservice für Last-Minute-Tickets im Theater oder für Wartezeiten bei einer Blockbuster-Ausstellung im Museum, soll das bisherige Leistungsspektrum um weitere attraktive Angebote ergänzt und der Kulturbetrieb langfristig vorziehenswürdig und wettbewerbsfähig bleiben.

- *Leistungsvariation:* Im Rahmen einer Leistungsvariation werden bestimmte Eigenschaften einer bereits bestehenden Leistung modifiziert, z.B. die Dauer der Werkeinführung in einer Oper, die Anzahl der Karten im Wahl-Abonnement eines Orchesters oder das Material/die Verpackung eines bestimmten Merchandising-Artikels im Museumsshop. Die Leistung an sich

2.4 Operative bzw. instrumentelle Perspektive des Kulturmarketing

bleibt unverändert, d.h. es entsteht kein neues oder zusätzliches Produkt und das Leistungsprogramm wird nicht erweitert. Durch die Variation werden Leistungen stärker auf die Bedürfnisse bestimmter Besuchergruppen zugeschnitten.

- *Leistungsdifferenzierung:* Ziel der Differenzierung von Leistungen ist es, der Heterogenität von Besuchern besser gerecht zu werden, eine Bedürfnisbefriedigung bei unterschiedlichen Zielgruppen zu erreichen und sowohl zusätzliche Besuchersegmente zu erschließen als auch bereits vorhandene zu binden. Dazu werden neben bereits eingeführten und etablierten Produkten und Dienstleistungen weitere Varianten aufgenommen (z.B. Ausdifferenzierung verschiedener Abonnementformen im Theater oder verschiedener Führungen im Museum). Leistungsdifferenzierungen führen zu einer Erweiterung des Leistungsprogramms.

- *Leistungseliminierung:* Die Herausnahme eines Angebots aus dem Leistungsprogramm führt zu dessen Reduzierung bzw. Straffung. Die Gründe für die Entscheidung zur Einstellung bestimmter Leistungen können vielfältig sein, wie z.B. sinkende Nachfrage und Einnahmen oder fehlende Deckungsbeiträge, Engpässe bei den personellen Ressourcen oder ein negativer Einfluss auf das Image (z.B. bei bestimmten Produkten im Shop eines Kulturanbieters).

2.4.3 Preispolitik

Die Preispolitik umfasst sämtliche Entscheidungen im Hinblick auf das vom Nachfrager für die verschiedenen Leistungen eines Kulturbetriebs zu entrichtende Entgelt und dessen Durchsetzung am Markt. Der Preis steht dabei als Entgeltfaktor dem gesamten Leistungsbündel gegenüber. Er beeinflusst nicht nur die Entscheidung des Besuchers, überhaupt eine Leistung in Anspruch zu nehmen, sondern auch die Auswahl einer Leistung innerhalb eines Angebotsumfelds. In der Regel werden preispolitische Entscheidungen getroffen, wenn es um die *Festsetzung* eines Preises für eine neue bzw. einmalige Leistung geht oder um die *Änderung* eines Preises für bereits bestehende Leistungen aufgrund von Umweltbedingungen, wie z.B. steigende oder sinkende Besuchernachfrage, Wettbewerberreaktionen, neuer Konditionen bei Zulieferern oder technische Neuerungen (vgl. allgemein hierzu Meffert et al. 2008).

Während die Preispolitik im Marketing für private (Kultur-)Unternehmen einen wichtigen Aktionsparameter darstellt, verfügen öffentliche Kulturbetriebe über einen geringeren Gestaltungsspielraum. Im öffentlichen Kulturbereich werden die Eintrittspreise im Regelfall nicht unter betriebswirtschaftlichen Aspekten festgelegt und an den Kosten orientiert, sondern unterliegen kulturpolitischen Vorgaben der Träger (vgl. Kapitel 1.1.1). Ziel ist hierbei, einem möglichst großen Kreis von Personen die Nutzung von Kultur zu ermöglichen und Zugangsbarrieren für bestimmte Bevölkerungsgruppen zu senken („Kultur für alle"). Allerdings sollte eine solche kulturpolitisch motivierte Festlegung von Preisen auf den Bereich der Kernleistung von öffentlichen Kulturbetrieben beschränkt sein. Denn durch den umsichtigen Einsatz preispolitischer Instrumente im Zusatz- bzw. Servicebereich (z.B. Raumvermietung) ist eine Optimierung der Einnahmen möglich und kann die Finanzierungssituation im öffentlichen Kulturbetrieb in einem gewissen Umfang verbessert werden.

Wie bei der Ausgestaltung der anderen Instrumente im Marketingmix, empfiehlt sich bei der Findung und Durchsetzung von Preisen am Kultur- und Freizeitmarkt eine strukturierte Vorgehensweise. Nach der *Analyse* des preispolitischen Spielraums eines Kulturbetriebs im Hinblick auf Positionierung bzw. Image, Leistungsqualität, Wettbewerbssituation, Preisbereitschaft bei den Nachfragern etc. sind die *Ziele* festzulegen, die mit der Ausgestaltung preispolitischer Maßnahmen verbunden werden: Neben unmittelbar kulturbetriebsbezogenen Zielen (Kostendeckung, Verlustminimierung, Kapazitätsauslastung etc.) können markt- bzw. nutzerorientierte Zielen (Etablierung neuer Angebote am Markt, Abschöpfung der Zahlungsbereitschaft bestimmter Zielgruppen oder Bindung von Wiederholungsbesuchern) im Vordergrund stehen.

Im Anschluss hieran werden die preispolitischen *Strategien* festgelegt: In dieser Phase des Planungsprozesses geht es um Entscheidungen im Bereich der

- *Preispositionierung* (Hoch-, Mittel- oder Niedrigpreisstrategie, z.B. im Bereich des Merchandising, bei Premieren und Sonderveranstaltungen),
- *Preisdifferenzierung* (z.B. im Hinblick auf unterschiedliche Altersgruppen von Besuchern, verschiedene Wochentage und Aufführungszeiten),
- *Preisvariation* (temporäre An- oder Absenkung eines Preises, d.h. Sonder- und Rabatt- bzw. Ermäßigungsaktionen) und der
- *Preisbündelung* (z.B. Entwicklung eines Kombi-Tickets, das zusätzlich zum Besuch eines Theaterstücks zur Nutzung öffentlicher Verkehrsmittel berechtigt etc.).

In einem nächsten Schritt des Entscheidungsprozesses werden die preispolitischen *Maßnahmen* festgelegt. Ganz allgemein lassen sich die Methode der *kosten*orientierten und die der *markt*orientierten Preisfestlegung unterscheiden. Letztere Verfahrensweise lässt sich weiter aufschlüsseln in die *nachfrager*bezogene und in die *konkurrenz*bezogene Preisbestimmung: Während sich die nach-

2.4 Operative bzw. instrumentelle Perspektive des Kulturmarketing

fragerbezogene Festlegung an der Preisbereitschaft und Preisakzeptanz (potenzieller) Kunden bzw. Nutzer orientiert, werden bei der konkurrenzbezogenen Festlegung Ticketpreise, Nutzungsgebühren etc. der Wettbewerber untersucht und bei der eigenen Preisfindung berücksichtigt. Insgesamt wird es in der Regel sinnvoll sein, markt- und kostenorientierte Überlegungen miteinander zu verknüpfen, da die Vernachlässigung eines dieser beiden Parameter nachteilig im Hinblick auf die Angemessenheit eines Preises sein kann. So würde eine ausschließliche Orientierung an den Kosten für die Herstellung oder den Einkauf einer bestimmten Dienstleistung z.B. unter Umständen dazu führen, dass der hieraus abgeleitete Preis vom Nachfrager als zu hoch empfunden wird (vgl. ausführlich hierzu Hausmann 2005, S. 129ff.).

Als letzter Schritt erfolgt die *Kontrolle* der preispolitischen Maßnahmen im Hinblick auf ihre Wirksamkeit. Hierüber geben u.a. Verkaufszahlen und Besucherstatistiken Auskunft. Weiterführende Informationen können im Rahmen von Besucherbefragungen gewonnen werden. Allerdings kann die Kontrolle preispolitischer Aktivitäten z.B. durch die möglicherweise von anderen Instrumenten des Kulturmarketing oder von Marketingmaßnahmen anderer Marktakteure (Wettbewerber, Kooperationspartner etc.) ausgehenden Wirkungen erschwert werden.

2.4.4 Distributionspolitik

Die Distributionspolitik bezieht sich auf sämtliche Entscheidungen, die im Zusammenhang mit der Übermittlung einer Kulturleistung vom Anbieter bis zum Nachfrager stehen. Dabei wirken sich die konstitutiven Eigenschaften von Kulturleistungen auch in diesem Bereich des Marketingmix aus und begrenzen die Zahl sowie die Ausgestaltung der einsetzbaren Instrumente. So lässt sich festhalten, dass die Kernleistungen vieler Kulturbetriebe (z.B. Museen, Tanztheater, Kleinkunstbühne, Kino) eine lokale Leistungserstellung erfordern und aufgrund ihres immateriellen Charakters nicht handelbar sind. Damit aber kann im Kernbereich lediglich das *Leistungsversprechen* vertrieben werden, d.h. die Verpflichtung eines Kulturbetriebs, zu einem festgelegten Zeitpunkt eine bestimmte Leistung (Vernissage, Konzert etc.) zu erbringen und dies über ein materielles Trägermedium (z.B. Eintrittskarte) zu dokumentieren.

Der Vertrieb dieser Leistungsversprechen kann auf direktem oder indirektem Wege erfolgen (nota bene: diese zwei Distributionswege stehen auch jenen Kulturanbietern zur Verfügung, die im Kernbereich vorrangig materielle Güter vertreiben, wie z.B. dem Kunsthandel). Bei der *direkten Distribution* wird zwischen Kulturbetrieb und Besucher kein Mittler eingeschaltet, d.h. der Vertrieb des Leistungsversprechens wird vom Kulturbetrieb selbst übernommen (an der

Kasse, über die Website etc.). Auf diese Weise kann der Kulturbetrieb die Vertriebsqualität kontinuierlich prüfen und durch entsprechende Schulungen des Besucherkontaktpersonals langfristig sicherstellen. Allerdings bleibt der Radius dieses Vertriebsweges zwangsläufig beschränkt.

Demgegenüber werden bei der *indirekten Distribution* externe Organe eingeschaltet, auf die der Absatz des Leistungsversprechens (oder des materiellen Gutes) übergeht. Dem Nachteil der schwierigeren Qualitätssicherung stehen Effektivitäts- und Effizienzvorteile (Know-how, Kontakte, Vermarktung etc.) eines auf den Vertrieb von (kulturellen) Leistungsversprechen spezialisierten Partners gegenüber. Mögliche externe Partner sind u.a. Besucherorganisationen (z.B. Theatergemeinde, Besucherring, Volksbühne), Vorverkaufsstellen (offline und online) oder Tourismusorganisationen (ausführlicher zu internen und externen Distributionsorganen siehe Hausmann 2005, S. 137ff.).

Zusätzlich zu den genannten Entscheidungsfeldern der Distributionspolitik wird v.a. auch in der internationalen Literatur zum Kulturmarketing die Ausgestaltung des physischen (Veranstaltungs-)Ortes, der "location", als Teil der Distributionspolitik gesehen: „Location is the choice of a physical site, such as the store where the product can be bought (in the case of a book or CD, for example) or the place where the product can be consumed (in the case of a play, movie, or museum, for example)" (Colbert 2007, S. 200). Auf Ähnliches verweist Dickman: "The venue at which the activity takes place. This includes the location, the facilities available, the parking, the comfort, and the size of the venue." (Dickman 1997, S. 6); auch Kotler et al. nehmen hierauf Bezug (2008, S. 324).

Nach diesem Verständnis gehört zur Distributionspolitik im Kulturbereich damit auch die Beantwortung der Frage, wie *zugänglich* eine kulturelle Leistung für den potenziellen Nachfrager ist: Burgen, Schlösser oder Gartenanlagen, die innerhalb einer Region schlecht ausgeschildert und daher schwer zu finden sind, aber auch Museen mit Öffnungszeiten, die Berufstätigen einen Besuch unter der Woche schwer machen, sind definitiv nicht leicht zugänglich. Ähnliches gilt für Theater und ihre häufig wenig besucherorientierten Zugangszeiten für Ticketkassen oder für Kleinkunstbühnen, die nicht an den öffentlichen Personennahverkehr angeschlossen sind und/oder keine ausreichenden Parkmöglichkeiten bieten. Darüber hinaus geht es hier auch um den Zustand der baulichen Substanz eines Kulturbetriebs und die Schaffung einer Atmosphäre, bei der sich der Besucher von Anfang an „willkommen fühlt" – also um Themen, die in engem Zusammenhang mit anderen Aspekten des Kulturmarketing stehen (z.B. Besucherorientierung).

2.4 Operative bzw. instrumentelle Perspektive des Kulturmarketing

2.4.5 Kommunikationspolitik

Die Kommunikationspolitik umfasst die Gewinnung, Aufbereitung und Vermittlung von Informationen zwischen einem Kulturbetrieb (Sender) und seinen Stakeholdern (Empfänger) mit dem Ziel, Aufmerksamkeit zu erzielen, Wissen zu schaffen und Einstellungen, Erwartungen sowie Verhaltensweisen der Empfänger zu beeinflussen. Die Kommunikation kann dabei *einstufig* erfolgen, d.h. der Kulturbetrieb übermittelt seine Botschaft direkt an die Empfänger (z.b. über ein Plakat oder die Website). Bei der *mehrstufigen* Kommunikation richtet der Kulturbetrieb seine Botschaften zunächst an so genannte Multiplikatoren (Lehrer, Stadtführer, Busreiseveranstalter, Medien etc.), die dann ihrerseits – u.U. allerdings verändert – die Informationen weitergeben. Des Weiteren kann die Kommunikation *persönlich* erfolgen, d.h. zwischen Kulturbetrieb und Empfänger besteht ein unmittelbarer Kontakt (z.b. an der Kasse, am Tag der offenen Tür, auf Premierenfeiern etc.), oder *unpersönlich*, d.h. es kommt zu einer zeitlich-räumlichen Trennung zwischen dem Senden der Botschaft (z.b. auf Flyern und Plakaten) und der Rezeption durch den Empfänger. Grundsätzlich steht den Kulturanbietern eine Vielzahl von Instrumenten der Kommunikationspolitik zur Verfügung, die hier nur umrissen werden sollen (ausführlich hierzu Klein 2005; Hausmann 2005; Günter/Hausmann 2009):

- *Werbung*: Aufgabe ist die Verbreitung von Botschaften über die Belegung ausgewählter Werbeträger mit entsprechenden Werbemitteln. *Werbeträger* sind z.b. Zeitungen, Zeitschriften, Szene-Magazine, Plakate, City-Light-Poster, Flyer, Litfaßsäulen, Videoboards, Magazine von Multiplikatoren (z.b. Busreiseveranstalter), Verkehrsmittel, Rundfunk, Fernsehen oder Internet. Diese Träger enthalten ein *Werbemittel*, d.h. eine bestimmte Werbeinformation (z.b. die Ankündigung einer Weltpremiere oder der Langen Nacht der Museen), um die Aufmerksamkeit der relevanten Adressaten zu gewinnen.

- *Öffentlichkeits- und Pressearbeit*: Beinhaltet die planmäßige Gestaltung der Beziehungen zwischen einem Kulturbetrieb und gesellschaftlichen Gruppen im Allgemeinen (z.b. Bevölkerung am Standort des Kulturanbieters, Medien und ihre Vertreter, Behörden, Politiker, Fachwelt) sowie Anspruchsgruppen im Speziellen (z.b. Mitarbeiter, Lieferanten, Besucher). Im Kulturbereich stellt insbesondere die Kommunikation mit der Presse ein zentrales Aufgabenfeld der Kommunikationspolitik dar. Wichtige Maßnahmen sind regelmäßige Presseveröffentlichungen, professionell durchgeführte Pressekonferenzen, Reportagen und Interviews sowie eine laufende Wirkungskontrolle, z.B. über die Analyse von Art und Umfang der Berichterstattung („Pressespiegel").

- *Verkaufsförderung*: Umfasst zeitlich begrenzte Maßnahmen, die dazu dienen, bei aktuellen und potenziellen Zielgruppen kurzfristig (zusätzliche) Anreize zum Besuch eines Kulturbetriebs oder einer Kulturveranstaltung zu setzen. Mögliche Aktionen der Verkaufsförderung sind u.a. Ausschreibung von Gewinnspielen, Verteilung von Produktproben (aus dem Shop, Gratis-CDs etc.) und Gutscheine (z.b. für einen ermäßigten Eintritt einer Theateraufführung oder den ermäßigten Erwerb eines Produktes aus dem Orchestershop).

- *Direktkommunikation/-marketing*: Hier wird eine persönliche, individualisierte Ansprache einzelner Adressaten verfolgt. Als Mittel eignet sich im Kulturbereich sowohl der gezielte Versand von Werbebriefen oder -mails (Direct Mailing) an Interessenten mit der Möglichkeit zur Rückantwort (wie z.b. Fragebogen, Gewinnspiel, Rabattgewährung) als auch die Kontaktaufnahme vor Ort (z.b. an einem Informationsstand im Kulturbetrieb).

- *Messen*: Zeitlich und örtlich festgelegte Veranstaltungen, auf denen neben der Möglichkeit zur allgemeinen Leistungspräsentation und Selbstdarstellung von Kulturbetrieben die Gelegenheit zur Informierung eines Fachpublikums und der interessierten Allgemeinheit besteht (z.b. Internationale Tourismusbörse Berlin, ArtCologne).

- *Events*: Besondere, ggf. einmalige Veranstaltungen oder Ereignisse, die als Plattform für eine angenehme, zwanglose, erlebnis- und dialogorientierte Präsentation von kulturellen Angeboten geeignet sind. Typische Beispiele für Events im Kulturbereich sind die „langen Nächte" von Museen oder Theatern oder andere außergewöhnliche, genre- und/oder generationenübergreifende Live-Veranstaltungen.

- *Online-Kommunikation*: In diesen Bereich fällt die Vermittlung von Botschaften und Informationen mittels elektronischer Medien an die relevanten Zielgruppen. Neben Homepage, E-Mail, elektronischen Gästebuch oder Newsletter haben in jüngster Zeit Instrumente an Bedeutung gewonnen, die unter den Schlagwörtern „Web 2.0" und „Social Media" (z.B. Facebook, Twitter etc.) zusammengefasst werden und den Kulturbetrieben aufgrund ihrer technischen Möglichkeiten und großen Reichweite neue Optionen der Informationsverbreitung bieten (ausführlicher hierzu Günter/Hausmann 2009, S. 79ff.).

Praxisbeispiel Kommunikationspolitik

In der Praxis des Kulturmarketing findet weniger die isolierte Anwendung eines der o.g. Instrumente der Kommunikationspolitik statt als vielmehr die geschickte Kombination verschiedener, aufeinander abgestimmter Maßnahmen. So hat die *Kunsthalle Bremen* zur Verbreitung von Informationen über ihre erfolgreiche Ausstellung „Paula in Paris" u.a. 400 Citylight-Poster in Bremen und Hamburg, ca. 500 Ganzsäulen in Niedersachsen, 800 Großflächen in Berlin und an Bahnhöfen weiterer Großstädte bis ins Ruhrgebiet, 10.000 A3 Plakate in Bremen und Umland, 70 Anzeigen in 40 Medien (Tages- und Wochenpresse, Kunstpublikationen, Stadtmagazine und Tourismuspublikationen), über 20 Hörfunk- und Fernsehbeiträge, eine Vorab-Pressekonferenz mit über 90 Pressevertretern, eine Pressereise mit Journalisten, ihre Website (mit 200.000 Abrufen), einen Newsletter (mit 3.000 Abonnenten) und eine Stadtbildaktion (20 Gärtnerinnen pflanzten aus 22.000 Tagetes eine „Galerie in Orange") genutzt. Zusätzlich war die Kunsthalle auf verschiedenen Messen präsent, u.a. der ITB in Berlin, der Reisen Hamburg sowie von weiteren Lifestyle- und Tourismusmessen (Quelle: Kunsthalle Bremen 2008).

2.5 Implementierungsbezogene Perspektive des Kulturmarketing

Die erfolgreiche Implementierung des Marketing in die Kulturpraxis erfordert die Schaffung bestimmter Voraussetzungen, auf die nachfolgend kurz eingegangen werden soll. Zunächst bedarf es einer markt- und besucherorientierten *Organisation* des Kulturbetriebs. Grundsätzlich umfasst die Organisation sämtliche struktur- und prozessbezogenen Regelungen, die zur Realisierung der Zwecksetzung („mission") des Kulturbetriebs erforderlich sind. Während sich die strukturbezogene *Aufbauorganisation* mit Fragen der Aufgabenverteilung, Zuständigkeitsabgrenzung und Verantwortungszuteilung befasst, beschäftigt sich die *Ablauforganisation* mit Regelungen für die Abfolge und Koordination von Teilaktivitäten bzw. Prozessen.

Hinsichtlich der Aufbauorganisation bieten sich im Kulturbetrieb zwei (idealtypische) Formen an. Bei der *funktionsorientierten* Organisation wird die Aufbauorganisation nach Funktionen ausgerichtet, neben dem Marketing – im Kulturbetrieb meist als „Öffentlichkeitsarbeit und Marketing" oder „Marketing und Kommunikation" bezeichnet – gibt es z.B. noch Technik, Verwaltung und den künstlerischen Bereich (siehe hierzu auch das nachfolgende Kapitel 3). Bei der *objektorientierten* Aufbauorganisation wird demgegenüber nach Bezugsobjekten bzw. Sparten gegliedert (bei der *Bayerischen Staatsoper* in München sind das z.B. die Oper, das Ballett und das Orchester, bei der *Stiftung Weimar Klassik* u.a. die Museen, das Goethe- und Schiller-Archiv sowie die Herzogin Anna Amalia Bibliothek). Fragen des Marketing wären bei einer solchen Aufbauorganisation in jedem Objektbereich bzw. Geschäftsfeld grundsätzlich „separat" zu beantworten. Da dies jedoch zu Überschneidungen, Doppelarbeit etc. führen würde, kommt es in der Praxis regelmäßig zu einer Kombination beider Typen, d.h. Funktionen finden sich neben Bezugsobjekten bzw. Sparten (ausführlicher Günter/Hausmann 2009, S. 95ff.).

Neben der Organisation ist die *Koordination* sämtlicher für das Kulturmarketing relevanten Aktivitäten wesentlich für den Umsetzungserfolg. Es ist offensichtlich, dass durch die Festlegung der Aufbauorganisation eines Kulturbetriebs Abteilungsgrenzen und Aufgabenschnittstellen entstehen, die zu Ressortegoismen und Effizienzverlusten führen können. Aus Sicht des Marketing kann es dadurch vor allem zu Schwierigkeiten bei der Umsetzung von Markt- und Besucherorientierung kommen. Dies gilt es durch eine entsprechende *Ablauforganisation* bzw. ein adäquates Prozessmanagement zu verhindern. Ziel ist es, die Koordinations- und Abstimmungsprobleme, die durch eine bestimmte Aufbauorganisation entstehen, durch eine entsprechende Ausgestaltung von funktionsübergreifenden Prozessen – auch und gerade zwischen künstlerischem, kaufmännischem und technischem Bereich – im Kulturbetrieb zu minimieren.

Die dritte Voraussetzung einer erfolgreichen Implementierung des Marketing stellt die Schaffung eines funktionsfähigen *Controlling* dar. Controlling ist ein Konzept zur Unterstützung einer ganzheitlichen, ergebnisorientierten Kulturbetriebsführung, in dem Aufgaben der Informationsversorgung, Planung, Koordination und Kontrolle auf unterschiedlichen Ebenen miteinander verknüpft werden. Dem Marketingcontrolling kommt innerhalb dieses umfassenden Aufgabenspektrums ein besonderer Stellenwert zu. Dieser ergibt sich zum einen aus der Notwendigkeit zur Kombination von Daten des internen Rechnungswesens – soweit im Kulturbetrieb eingeführt – mit externen Marktforschungsinformationen und der umfassenden Berücksichtigung nicht-monetärer Zielgrößen (Besucherzufriedenheit etc.). Zum anderen werden an der Schnittstelle zwischen Kulturbetrieb und Markt häufig Planrevisionen erforderlich, so dass laufenden Soll-Ist-Vergleichen, Abweichungsanalysen sowie der Anregung von Anpassungsmaßnahmen im Rahmen des Marketingcontrolling besonderes Augenmerk zukommt. Das Marketingcontrolling übernimmt damit sowohl die Aufgabe einer kontinuierlichen *Rückkopplung* („Feed-back-Prinzip") als auch eine *zukunftsorientierte* Steuerungsaufgabe („Feed-forward-Prinzip"). Insgesamt ist es Ziel des Marketingcontrolling, die Planung und Kontrolle sämtlicher Aktivitäten im Kulturmarketing durch eine entsprechende Informationsversorgung zu unterstützen,

2.5 Implementierungsbezogene Perspektive des Kulturmarketing 63

um die Wirksamkeit und Wirtschaftlichkeit von Marketingmaßnahmen sicherzustellen (allgemein hierzu Meffert et al. 2008, S. 796; Homburg/Krohmer 2009, S. 1081ff.).

3 Das Management von Mitarbeitern: Personalmanagement

3.1 Begriff und Ziele des Personalmanagement im Kulturbetrieb

Kulturmanager auf verschiedenen Hierarchieebenen stehen in der Verantwortung, Mitarbeiter mit entsprechenden Fähigkeiten einzustellen, zur Erledigung von Aufgaben zu motivieren und im Hinblick auf die Erreichung der obersten Zwecksetzung des Kulturbetriebs zu führen. Die Bedeutung der Mitarbeiter im Kulturbetrieb ist dabei virulent: Ohne Schauspieler keine Theateraufführung, ohne Musiker kein Konzert, ohne Shop- oder Garderobenpersonal kein Museumsservice, ohne Galeriepersonal keine Kunstberatung, ohne Bibliothekare keine Buchbeschaffung und -ausleihe. Und selbst Kulturmanager, die als Einzelunternehmer in der Kultur- und Kreativwirtschaft tätig sind und über kein fest angestelltes Personal verfügen, werden häufig mit freien Mitarbeitern temporär und punktuell zusammenarbeiten und sollten zumindest über Basiskenntnisse im Umgang mit Personal verfügen.

Die im Zusammenhang mit der Beschaffung, Motivation, Führung etc. von Mitarbeitern anfallenden Aufgaben werden dem *Personalmanagement* – auch Human Ressource Management, Personalpolitik, Personalwesen oder Personalwirtschaft genannt – zugeordnet. Während das Thema in der betriebswirtschaftlichen Literatur als ausführlich diskutiert gilt (siehe hierzu u.a. die Standardwerke von Scherm/Süss 2010; Stock-Homburg 2008; Olfert 2008; Jung 2008), lässt sich zum Stand der Forschung im Kunst- und Kulturmanagement weniger Positives vermelden: Insbesondere im deutschsprachigen Raum gibt es derzeit nur einige wenige, überwiegend populärwissenschaftlich ausgerichtete Bücher (u.a. Fischer 2004). Eine Ausnahme bilden lediglich *Börner* (2002) und *Klein* (2009), die sich in ihren Büchern zur Führung bzw. zum Leadership dezidiert mit einem bedeutsamen Teilbereich des Personalmanagement beschäftigen, sowie *Mertens* (2010), der in seiner Publikation zum Orchestermanagement neben anderen Aspekten auch auf Fragen des Personalpolitik in diesem Bereich eingeht. Wer sich also intensiver mit dem Thema beschäftigen wollte, musste bislang vor allem auf die zahlreichen Publikationen in der allgemeinen Betriebswirtschaftslehre zurückgreifen.

Bevor im Weiteren vertiefend in das Personalmanagement im Kunst- und Kulturbereich eingestiegen wird, sollen zunächst Begriffe geklärt werden. Als Mitarbeiter bzw. Personal werden im Rahmen dieses Buches jene Personen bezeichnet, die in *abhängiger* Stellung, dauerhaft oder temporär *angestellt* (Hauptamtliche), projektweise in *freier* Mitarbeit oder auch auf *freiwilliger* Basis (Ehrenamtliche) für einen Kulturanbieter arbeiten und in arbeitsteiliger Form Leistungen für dessen übergeordnete Ziele erbringen. Die nachfolgende Definition enthält ergänzend einen ersten Hinweis zu den wichtigsten Handlungsfeldern des Personalmanagement:

> **Definition**
>
> Personalmanagement stellt die Summe sämtlicher mitarbeiterbezogener Maßnahmen zur Verwirklichung des Organisationszwecks eines Kulturbetriebs dar. Hierzu gehören Aktivitäten der Bedarfsplanung sowie der Beschaffung, Führung, Entwicklung und Freisetzung von Mitarbeitern.

Im Hinblick auf die Ziele des Personalmanagement lassen sich zunächst die *kulturbetriebsbezogenen* nennen. So sind die Träger, Eigentümer und Manager eines Kulturbetriebs in erster Linie daran interessiert, durch entsprechende Maßnahmen des Personalmanagement in quantitativer und qualitativer Hinsicht (z.B. durch Einstellung geeigneter Mitarbeiter, Weiterqualifizierung vorhandener Mitarbeiter) den vorgegebenen Organisationszweck zu erfüllen. Darüber hinaus gewinnt die Erreichung wirtschaftlicher Ziele – auch in öffentlichen Kulturbetrieben – mehr und mehr an Bedeutung, so dass der Einsatz von Personalmanagement gleichfalls hierzu dient (z.B. durch Straffung von Arbeitsabläufen, Senkung der Personalkosten, Abbau von Arbeitsplätzen etc.).

Neben diese kulturbetriebsbezogenen Ziele treten die *mitarbeiterbezogenen*: Hierbei handelt es sich um individuelle Erwartungen, Bedürfnisse und Interessen der Mitarbeiter, deren Berücksichtigung durch den Kulturbetrieb und seine Leitung in der Regel positiv mit der Arbeitszufriedenheit und Mitarbeitermotivation korreliert (siehe allgemein hierzu Scherm/Süß 2010, S. 6f.). In manchen Fällen können die individuellen Ziele allerdings auch in einem Spannungsverhältnis zu den kulturbetriebsbezogenen Zielen stehen. In solchen Fällen ist es Aufgabe des Personalmanagement, entsprechende Maßnahmen zur Konfliktvermeidung bzw. -reduzierung einzuleiten

Nach dieser kurzen Einführung zur grundsätzlichen Bedeutung des Personalmanagement soll abschließend ein Aspekt betont werden, der aus der vorstehenden Definition ablesbar ist: Ebenso wie das Kulturmarketing (vgl. Kapitel 2.1) stellt das Personalmanagement keinen Selbstzweck dar. Der Einsatz seiner verschiedenen Maßnahmen dient vielmehr der Realisierung der obersten Zwecksetzung – der „mission" – eines Kulturbetriebs. Professionelles Personalmanagement hilft Kulturanbietern ebenso wie professionelles Kulturmarketing dabei, die künstlerischen, inhaltlichen, kultur- und gesellschaftspolitischen sowie sonstigen Ziele zu erreichen und langfristig existenzfähig zu bleiben.

3.2 Besonderheiten im Arbeitsfeld „Kunst und Kultur"

Der Kunst- und Kulturbereich weist im Hinblick auf die Mitarbeiter und ihre Arbeitssituation zahlreiche Besonderheiten auf, die beim Einsatz des Personalmanagement berücksichtigt werden müssen. Einige der wichtigsten Spezifika seien nachfolgend skizziert:

(1) Heterogenität der Mitarbeiter bzw. Berufsgruppen

In klassischen Betrieben der Kultur, wie z.B. Opern, Orchestern, Theatern, Bibliotheken oder Museen, wird typischerweise unterschieden zwischen den *künstlerischen* Mitarbeitern (Schauspieler, Musiker, Tänzer, Regisseure etc.) bzw. den *wissenschaftlichen* Mitarbeitern (Restauratoren, Kuratoren, Bibliothekare etc.) sowie den Mitarbeitern aus der *Verwaltung* (Finanzen, Marketing, Personal etc.). Als weitere übergeordnete Berufsgruppe kommen in der Regel die Mitarbeiter aus dem *technischen Bereich* (u.a. Beleuchtung, Werkstätten, Bühnenbetrieb, Requisiten) hinzu. Es ist offenkundig, dass sich die Mitarbeiter dieser verschiedenen Arbeitsbereiche unterscheiden im Hinblick auf ihren Ausbildungsweg, ihre (Fach-)Sprache, ihre Arbeits- und Denkweise sowie z.B. auch ihre Entlohnung, und dass es hier zu erheblichen Reibungspunkten und Verständigungsschwierigkeiten kommen kann (z.B. auch im Hinblick auf den Kunst- und Qualitätsbegriff, die Verteilung von Ressourcen, die Notwendigkeit der Erfüllung von Kundenbedürfnissen oder die Bedeutung von wirtschaftlichem Handeln).

(2) Kontaktpersonal vs. Nicht-Kontaktpersonal

In engem Zusammenhang mit dieser Heterogenität von Mitarbeitergruppen steht die Tatsache, dass manche Mitarbeiter (z.B. Pädagogen, Kassenpersonal, Garderobieren, Gastronomiemitarbeiter) in engem und regelmäßigem Kontakt mit den Besuchern stehen und vielfältige Austauschsituationen mit diesen erleben. Wiederum andere Mitarbeiter haben kaum oder gar keinen Besucherkontakt und erfahren daher auch nicht aus „erster Hand", an welchen Stellen der Kulturbetrieb kundenfreundlich agiert und es den Nachfragern leicht macht, seine Angebote zu nutzen – und an welchen nicht.

(3) Festangestellte vs. ehrenamtliche Mitarbeiter

In öffentlichen und privat-gemeinnützigen Kulturbetrieben ist es typisch, dass nicht nur festangestellte, sondern auch ehrenamtlich tätige Menschen (so genannte „Volunteers") an der Leistungserstellung mitwirken. Dies stellt regelmäßig besondere Anforderungen an das Personalmanagement: Während die in Teil- oder Vollzeit arbeitenden Festangestellten für ihre Leistungen (v.a. monetäre) Gegenleistungen des Kulturbetriebs als Arbeitgeber erhalten, arbeiten die ehrenamtlichen Mitarbeiter in der Regel unentgeltlich – was jedoch keinesfalls impliziert, dass keine (anderen) Gegenleistungen vom Kulturbetrieb erwartet werden. Trotz vieler positiver Beispiele kommt es zwischen diesen beiden Gruppen auch immer wieder zu Spannungen. Unklare Entscheidungskompetenzen und organisatorische Zuordnungen (Wer gibt dem Volunteer welche Anweisungen?) sowie Macht- bzw. Kompetenzüberschreitungen (Welche Aufgaben sollen vom Volunteer konkret erfüllt werden und welche nicht?) sind dabei die häufigsten Ursachen für Störungen im Verhältnis zwischen Ehrenamtlichen und Festangestellten.

(4) Immaterialität der Leistungen

Wie im Kapitel zum Kulturmarketing bereits diskutiert, halten Kulturbetriebe, wie z.B. Theater, Orchester oder Museen, aber auch Musikschulen oder soziokulturelle Zentren, Leistungen mit einem hohen immateriellen Anteil vor. In solchen Dienstleistungsbetrieben spielt der Faktor „Personal" zwangsläufig eine besonders wichtige Rolle, wie die nachfolgenden Beispiele exemplarisch verdeutlichen: Da Erstellungs- und Nutzungsprozess häufig zusammenfallen (z.B. im Rahmen einer Ballettaufführung, eines Theaterworkshops, einer Bibliotheksführung), gibt es keine Möglichkeit der Nachbesserung. Die beteiligten Künstler und anderen Mitarbeiter müssen ihr Leistungsvermögen also „auf den Punkt genau" abrufen können. Gleichzeitig dienen vor allem auch die Mitarbeiter im klassischen Servicebereich (z.B. Kasse) als Qualitätssurrogat für den gesamten Kulturbetrieb: Ihre Freundlichkeit, Auskunftsbereitschaft und Beratungskompetenz kann manchmal darüber entscheiden, ob ein Besucher eine Eintrittskarte kauft oder zu einem Konkurrenten abwandert.

(5) Interkulturalität

Vor allem in Kulturbetrieben der darstellenden Kunst und der Musik ist das Thema der Interkulturalität, das sich – kurz gefasst – in der Zusammenarbeit von Menschen unterschiedlicher Nationalitäten ausdrückt, virulent. So kommt beispielsweise fast die Hälfte der über fünfzig Musiker der *Neuen Lausitzer Phil-*

3.2 Besonderheiten im Arbeitsfeld „Kunst und Kultur"

harmonie aus einem anderen Kulturkreis als dem deutschen. Wenngleich die unterschiedlichen Mentalitäten in der Regel als positiv und bereichernd für die künstlerische Qualität erlebt werden, so entstehen zuweilen auch Konfliktfelder, die erhöhte Anforderungen an das Personalmanagement stellen. Ein möglicher Konfliktherd kann z.B. im Bereich der Entscheidungsfindung bei einer Orchesterprobe entstehen: „Während manche Kulturen an Machtgefügen orientiert sind und das Dominanzgefälle vom Konzertmeister über Stimmführer bis hin ans letzte Pult akzeptieren und ‚leben', ist an demokratische Vorgänge gewöhnter Mitteleuropäer wahrscheinlich mehr an Mitsprachemöglichkeiten und Diskussionen interessiert. [...] In Ländern wie Japan werden Verbesserungsvorschläge oder gar Kritik niemals direkt ausgesprochen, weil dies als sehr unhöflich gilt" (Mächtel 2009, S. 11). Hier kann es also zum Zusammenprall unterschiedlicher Welten und zu erheblichen interkulturellen Konflikten kommen, die im Rahmen eines professionellen Personalmanagement antizipiert und durch entsprechende Maßnahmen gelöst oder zumindest minimiert werden müssen.

(6) Individualität vs. Kollektivität

Gleichfalls ein vorrangiges Thema im Bereich von Theatern, Orchestern, Musikensembles oder Musicals ist die Polarität der Tätigkeit von Künstlern. Auf der einen Seite stehen hochindividualisierte *Solisten* mit ihren künstlerisch-technischen Fertigkeiten (und sonstigen Eigenheiten), auf der anderen Seite zwingt die Aufführungspraxis zu einer sehr starken *Teamorientierung*, die zu einem „emotionalen Gleichklang" der Künstler führen soll: „Ein einheitliches Klangbild etwa lässt sich nur dann erreichen, wenn alle beteiligten Musiker z.B. die Intonation (die Tongestaltung) und Dynamik (die Gestaltung der Lautstärke) ihres Spiels exakt synchronisieren" (Börner/Streit 2006, 246). Pointiert zusammengefasst ist dieser Sachverhalt im Thesenpapier des Deutschen Orchesterverbands (DOV) zur Personal- und Organisationsentwicklung in Orchestern: „Dieser im Prinzip zwanghafte Zusammenschluss einzelner Künstlerpersönlichkeiten zu einer Gemeinschaft bietet ein erhöhtes Konfliktpotenzial, aber auch Chancen höchster kollektiver, musikalischer und beruflicher Erfüllung. Die Konfliktentstehung in Orchestern als solche ist völlig normal" (DOV 2009, S. 2). Damit wird noch einmal deutlich, dass Konfliktmanagement im Personalmanagement von Kulturbetrieben eine besondere Rolle spielt und insgesamt die Bedeutung der internen Kommunikation für die Führung von Mitarbeitern nicht hoch genug eingeschätzt werden kann.

(7) Personalabbau bzw. chronisches Personaldefizit

Aufgrund der vielerorts prekären Haushaltslage der Träger kämpft die Mehrheit der öffentlichen Kultureinrichtungen um den Erhalt und die Wiederbesetzung von Stellen. Häufig genug müssen immer weniger Mitarbeiter immer mehr Aufgaben übernehmen – für die sie im Zweifelsfall nicht (ausreichend) qualifiziert sind. Gerade auch mit der Erschließung neuer Marktsegmente, wie z.b. dem Kulturtourismus, kommen neue Anforderungen auf die Mitarbeiter zu und nur wenige (große) Kultureinrichtungen, wie z.b. das *Jüdische Museum* in Berlin (Stand 2009) oder die *Stiftung Preußische Schlösser und Gärten Berlin-Brandenburg* (Stand 2010), können sich im Stellenplan eine eigenständige Position für solche zusätzlichen Aufgaben leisten.

Neben der fachlichen (und auch sonstigen) Überforderung von Mitarbeitern, die in manchen Fällen unter Umständen schwerwiegende gesundheitliche Folgen (Burnout etc.) nach sich ziehen kann, führt eine kontinuierlich steigende Arbeitsbelastung häufig zu Demotivation und „innerer Kündigung" bei den Betroffenen. Dieser Umstand wiegt umso schwerer, als die Unzufriedenheit von Mitarbeitern in der Regel nicht ohne Auswirkung auf die Qualität ihrer Leistungserstellung bleibt und in vielen Fällen auf die Nachfrager eines Kulturbetriebs (und deren Zufriedenheit) abfärbt.

Naturgemäß bleiben diese Entwicklungen und Zusammenhänge nicht auf den öffentlichen Kulturbereich beschränkt. Sie sind vielmehr gerade auch in der Kultur- und Kreativwirtschaft bekannt, wo in den zahlreichen Klein- und Kleinstunternehmen zu wenige – und in der Regel ihrer (qualifizierten) Ausbildung nicht angemessen bezahlte – Mitarbeiter von der Kulturproduktentwicklung über die Einwerbung von Fördergeldern bis hin zur Angebotsvermarktung und den Gesprächen mit Behörden etc. alle Aufgaben in Personalunion ausführen müssen (und deshalb eine „Work-Life-Balance" nur selten genug herstellen können).

3.3 Handlungsfelder des Personalmanagement im Kulturbetrieb

In der allgemeinen Literatur zum Personalmanagement (siehe u.a. Scherm/Süss 2010; Stock/Homburg 2008; Olfert 2008; Jung 2008) haben sich verschiedene Handlungsfelder herauskristallisiert, von denen nachfolgend die für den vorliegenden Kontext Wichtigsten diskutiert werden.

3.3 Handlungsfelder des Personalmanagement im Kulturbetrieb

3.3.1 Personalbedarfsplanung

Eine grundlegende Aufgabe im Personalmanagement ist die Bedarfsplanung, die zur Ermittlung des derzeitigen und künftigen Bedarfs an Mitarbeitern eines Kulturbetriebs, -projekts etc. führt. Während sich die *quantitative* Bedarfsplanung mit der Frage beschäftigt, wie viele Mitarbeiter zu einem bestimmten Zeitpunkt beschäftigt sein müssen, damit der Kulturanbieter leistungs- und wettbewerbsfähig ist, geht es bei der *qualitativen* Bedarfsplanung um die Bestimmung von Kenntnissen und Fähigkeiten, die die Mitarbeiter für die Leistungserbringung jetzt und in Zukunft besitzen sollten. Um diese Bedarfsplanungen vornehmen zu können, muss der Kulturbetrieb seine (künftigen) Aufgaben und Anspruchsgruppen (Stakeholder) kennen und über eine Vision, langfristige Ziele sowie daraus abgeleitete Strategien verfügen (vgl. Kapitel 2). Damit wird deutlich, wie interdependent die verschiedenen Funktionsbereiche des Kulturmanagement, v.a. auch Marketing und Personal, sind.

Die Ermittlung des quantitativen Personalbedarfs, d.h. der Anzahl an Mitarbeitern, die für die Aufgabenerfüllung eines Kulturbetriebs erforderlich sind, kann z.B. auf *Fortführungsbasis* erfolgen. Dies setzt voraus, dass der gegenwärtige Personalbestand dem tatsächlichen Personalbedarf entspricht und deshalb nur Veränderungen (z.B. Kündigung eines Mitarbeiters, Erschließung neuer Aufgabenfelder) eine Bedarfsermittlung erforderlich machen. Grundlage für eine solche Vorgehensweise ist in der Regel der *Stellenplan*, in dem alle im Kulturbetrieb vorgesehenen Stellen abgebildet sind.

Ein wichtiges Instrument der qualitativen Personalbedarfsermittlung ist die Stellenbeschreibung. Eine solche Beschreibung enthält die schriftliche, *unabhängig* von einer Person angelegte Abbildung einer Stelle mit ihrer hierarchischen Einordnung, ihren Zielen, Aufgaben, Kompetenzen und Befugnissen sowie Beziehungen zu anderen Stellen. Hieraus kann ein *Anforderungsprofil* abgeleitet werden, das die erforderlichen Qualifikationen eines für diese bestimmte Stelle geeigneten Mitarbeiters festlegt: Neben fachlichen Fähigkeiten (z.B. Art der Ausbildung bzw. Berufserfahrung, Branchenkenntnisse) sollten hierin auch Aussagen über erforderliche soziale Fähigkeiten (z.B. Teamfähigkeit, Belastbarkeit) enthalten sein (vgl. Stock-Homburg 2008, S. 91; Olfert 2008, S. 83).

Das nachfolgende Praxisbeispiel, in dem die amtierende Kulturdezernentin des *Landschaftsverbandes Westfalen-Lippe* (LWL) darüber berichtet, welche Kriterien bei der Einstellung von Personal in den Kultureinrichtungen des LWL Anwendung finden, zeigt, dass bei der qualitativen Personalbedarfsplanung im Kulturbereich die so genannten Zusatzqualifikationen neben den Fachqualifikationen an Bedeutung gewonnen haben.

Praxisbeispiel Personalbedarfsplanung

„Je nachdem, welches Amt besetzt werden muss, das gilt insbesondere für die Führungsebene, ist es unabdingbar, fachliche Qualifikation zu besitzen. Wir haben jedoch gerade in den letzten Jahren immer wieder festgestellt, dass diese allein für solche Positionen nicht mehr ausreicht. Unser Hauptanliegen ist es, Kultur und Kultureinrichtungen sichtbar zu machen und gerade im Museumsbereich sind wir darauf angewiesen, zu vermitteln und auch zu vermarkten. Es ist nicht mehr möglich, sich ausschließlich mit der reinen Wissenschaft im stillen Kämmerchen zu beschäftigen. Die Bewerber brauchen hierfür nicht nur Führungspersönlichkeit, sondern zudem ausreichend Kenntnisse im Kulturmanagement. Kulturmanagement heißt, strategisch denken, Finanz- und Marketingpläne entwickeln, Controlling durchführen usw. Für uns ist eine Aus- oder Fortbildung in diesem Fach natürlich ein Pluspunkt und es lässt sich am Bewerberfeld erkennen, dass zunehmend vergleichbare Zusatzqualifikationen erworben werden. Das wirkt sich nicht nur positiv auf den Kulturbetrieb aus, ich halte es für zukunftsweisend. Ein wichtiger Faktor für uns ist ferner das Vorhandensein von Sozialkompetenz [...]" (Quelle: Schuster 2010, S. 16-19).

3.3.2 Personalbeschaffung

Im Mittelpunkt dieses Handlungsfelds steht die fristgerechte *Deckung* eines vorhandenen oder absehbaren Personalbedarfs in quantitativer und/oder qualitativer Hinsicht. Für die Beschaffung von Mitarbeitern können zwei Wege eingeschlagen werden (vgl. Scherm/Süß 2003, S. 31ff.): Die *interne* Beschaffung erfolgt durch Versetzung oder Beförderung von dem Kulturbetrieb zugehörigen Mitarbeitern. Die Vorteile dieser internen Stellenbesetzung liegen u.a. darin, dass hierdurch (temporäre) Möglichkeiten zur „job rotation" oder (sogar dauerhafte) Aufstiegschancen für engagierte Mitarbeiter geschaffen werden, die Besetzung einer Stelle kurzfristig erfolgen kann und der ausgewählte Kandidat bereits hinsichtlich seiner Leistungsfähigkeit, sozialen Kompetenzen etc. bekannt ist. Andererseits steht ggf. nur eine beschränkte Auswahl von geeigneten Mitarbeitern zur Verfügung, eine Versetzung oder Beförderung stößt auf Ablehnung, Neid etc. bei den Kollegen oder es werden neue Impulse von außen sowie bislang nicht vorhandene Kenntnisse im Kulturbetrieb benötigt.

Aus diesen und weiteren Gründen kann eine *externe* Beschaffung vorzuziehen sein, bei der die potenziellen Mitarbeiter auf dem Arbeitsmarkt gesucht werden. Im Kulturbereich werden dazu neben Stellenanzeigen in einschlägigen Zeit-

3.3 Handlungsfelder des Personalmanagement im Kulturbetrieb

schriften, wie z.B. dem Fachmagazin „das Orchester" der Deutschen Orchestervereinigung, und auf spartenübergreifenden Portalen, wie z.B. www.kulturmanagement.net, vor allem informelle Netzwerke und persönliche Kontakte der Mitarbeiter, Gremienmitglieder (z.b. Freundeskreis, Beirat) oder auch Träger eines Kulturbetriebs genutzt. Zusätzlich werden im Kulturbereich zunehmend Instrumente des Web 2.0 eingesetzt, wie z.b. die Internetplattformen Facebook oder XING (siehe hierzu das nachfolgende Praxisbeispiel). Für die Besetzung von Führungspositionen wird darüber hinaus auch im Kulturbereich zuweilen die Hilfe von Personalberatern in Anspruch genommen.

Praxisbeispiel Personalbeschaffung

Die aktuellen Potenziale, die sich aus der Nutzung von Social Media für das Personalmanagement ergeben, beschreibt einer der Gesellschafter der Branchenplattform *Kulturmanagement Network* wie folgt: „Neue Möglichkeiten der Bewerberansprache und Veröffentlichung von vakanten Stellen bieten soziale Netzwerke wie *XING*, *Facebook* oder auch *Twitter*, die hier allerdings im Moment noch eine Nische im Bewerbermarkt sind. Stellt die Veröffentlichung von Stellenangeboten eher eine passive Art der Personalgewinnung dar, bieten soziale Netzwerke die Möglichkeit viel aktiver auf Bewerber zuzugehen. Gleichzeitig ergeben sich aber neue Anforderungen an Personalverantwortliche und die Kulturorganisationen selbst. Erfahrungen im Umgang mit diesen Technologien sind dabei Voraussetzung. Die Anwendung bietet nicht nur Chancen, sondern wird bei speziellen Zielgruppen oder Jobanforderungen schnell zum Muss. Gerade die sogenannten Digital Natives oder Vertreter der Generation Y erreicht man über klassische Kommunikationskanäle immer seltener. Der Umgang mit social media ist für diese Gruppen einfach normal. Man muss also gerade Zielgruppen aus diesem Personenkreis dort „abholen", wo sie sind und einen Großteil ihres Lebens verbringen. Zudem macht es mehr als Sinn, gerade potenzielle Bewerber für Stellenprofile, die einen Umgang mit den neuen Technologien voraussetzen, über diese anzusprechen, da diese sich in diesen auch bewegen" (Quelle: Schütz 2010, S. 20).

Ein sich anschließender Aktionsbereich, der hier dem Handlungsfeld der Personalbeschaffung zugeordnet wird, ist die *Personalauswahl*, d.h. die Prüfung von Bewerbern hinsichtlich ihrer Eignung für die speziellen Anforderungen einer ausgeschriebenen Stelle. Hierzu wird der Kulturbetrieb zunächst *Bewerbungsunterlagen* (Lebenslauf, Leistungsnachweise etc.) potentieller Kandidaten sichten, um aus den dort angegebenen biographischen Merkmalen künftige Verhaltensweisen und deren Tauglichkeit für die zu besetzende Stelle herauszufiltern. In einem nächsten Schritt wird ein *Auswahlgespräch* (im Fall von Künstlern ergänzt oder ersetzt durch ein Vorspiel, Vorsprechen etc.) durchgeführt. Dieses dient dazu, den Bewerber besser kennen zu lernen und bestimmte Aspekte, die aus den formalen Bewerbungsunterlagen nicht oder nicht deutlich genug herauszulesen waren, zu überprüfen oder zu hinterfragen. In Abhängigkeit von der Bedeutung der zu besetzenden Stelle sowie der Anzahl an Bewerbern werden Auswahlgespräche auch in einem mehrstufigen Verfahren durchgeführt.

3.3.3 Personalführung

Unter dem Begriff der Führung wird im Personalmanagement die *zielorientierte Beeinflussung* des Verhaltens von Mitarbeitern verstanden. Hierdurch soll primär sichergestellt werden, dass die Ziele des Kulturbetriebs erreicht werden. Allerdings, und darauf ist bereits hingewiesen worden, lassen sich Mitarbeiter nicht ausschließlich von Organisationszielen leiten, sondern verfolgen eigene Ziele, so dass nachgelagert auch die individuellen Interessen der Mitarbeiter einzubeziehen sind. Aus der Tatsache, dass sowohl die Ziele des Kulturbetriebs als auch die der Mitarbeiter Berücksichtigung finden müssen (und beide nicht immer deckungsgleich sind), ergeben sich zwei grundsätzliche Aufgaben der Führung: (a) die *Motivation* der Mitarbeiter durch die Gewährung von Anreizen und die Ermöglichung der Bedürfnisbefriedigung einerseits sowie (b) die *Koordination* des arbeitsteiligen Handelns und seine Kontrolle (vgl. Scherm/Süß 2009, S. 156).

Die Führungssituation ist allgemein dadurch gekennzeichnet, dass soziale Interaktionen zwischen Führungsperson und Mitarbeitern stattfinden – die zwischenmenschlichen Beziehungen also eine erhebliche Rolle für den Erfolg bzw. Misserfolg von Personalführung im Kulturbetrieb spielen. Dabei verlaufen diese Interaktionen in einem mehr oder minder großen Umfang *asymmetrisch*, da die Führungsperson in aller Regel über mehr Macht verfügt und damit – theoretisch – ihren Willen gegenüber den Mitarbeitern besser durchsetzen kann. Realiter üben jedoch auch die geführten Mitarbeiter einen nicht unerheblichen Einfluss auf den Führenden und damit auf die Führungssituation aus (vgl. Stock-Homburg 2008, S. 379; Scherm/Süß 2010, S. 148).

Typische Führungspersonen in Kulturbetrieben finden sich auf der obersten Leitungsebene – u.a. Intendant/in in der Oper, Künstlerischer Leiter/in im Theater, Direktor/in im Museum, Kaufmännische/r Geschäftsführer/in im Orchester – sowie auf weiteren nachgelagerten Hierarchieebenen (Leiter/in Marketing, Leiter/in Verwaltung, Leiter/in Technik etc.). Neben diesen *formellen* Führungskräften gibt es auch *informell* Führende, die diese Position unabhängig von ihrer

3.3 Handlungsfelder des Personalmanagement im Kulturbetrieb

konkreten hierarchischen Zuordnung einnehmen, z.b. aufgrund ihrer langjährigen Zugehörigkeit in einer Einrichtung, ihrer Expertise oder ihres Charisma. Führung erfolgt jedoch nicht allein durch Personen, sondern gleichfalls über die Schaffung von *Strukturen* innerhalb der Aufbau- und Ablauforganisation eines Kulturbetriebs, d.h. z.b. durch Organigramme, Stellenbeschreibungen oder Verfahrensvorschriften.

Im Folgenden werden ausgewählte *Führungsinstrumente* vorgestellt, die von Führungskräften zur Beeinflussung der Mitarbeiter eingesetzt werden können. Dabei lassen sich, wie in Abbildung 8 dargestellt, zwei grundsätzliche Typen unterscheiden: Instrumente der Kommunikation und Instrumente der Koordination (ausführlich hierzu Stock-Homburg 2009, S. 442ff.).

```
                    ┌─────────────────────┐
                    │  Mitarbeiterführung │
                    └──────────┬──────────┘
                   ┌───────────┴───────────┐
         ┌─────────┴────────┐    ┌─────────┴────────┐
         │   Kommunikation  │    │    Koordination  │
         └──────────────────┘    └──────────────────┘
```

- Anerkennung/Kritik
- Feedbackgespräch
- Mitarbeiterbesprechung

- Führung durch Zielvereinbarungen

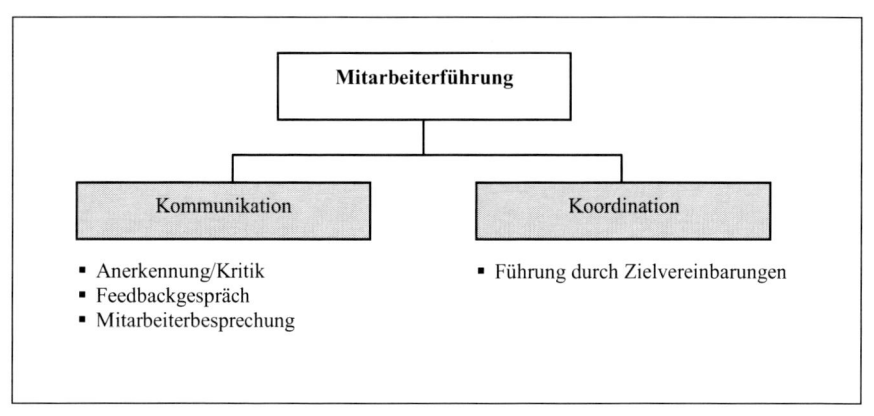

Abb. 8: Ausgewählte Instrumente der Mitarbeiterführung

Instrumente der *Kommunikation* zielen darauf ab, den Informationsaustausch zwischen Führungskräften und Mitarbeitern zu verbessern. Während die *Anerkennung* auf eine Wiederholung gewünschter Verhaltensweisen ausgerichtet ist, zielt die Äußerung von *Kritik* auf eine Verhaltensänderung bei Mitarbeitern ab. Um die Betroffenen durch Anerkennung und Kritik erfolgreich zu beeinflussen und ihnen eine eindeutige Orientierung im Hinblick auf die Einschätzung ihrer Leistungsfähigkeit zu geben, ist ein bewusster Umgang mit diesen beiden Methoden erforderlich. In engem Zusammenhang hiermit steht das *Feedbackgespräch*, das eine regelmäßige, persönliche Rückmeldung an die geführten Mitarbeiter über ihre Verhaltensweisen, Leistungen oder auch ihre fachliche und persönliche Entwicklung in bestimmten Situationen enthält. Während das Feedbackgespräch eher informellen Charakter hat und sich auf den Austausch bzw. die Kommunikation mit einzelnen Mitarbeitern bezieht, kann die *Mitarbeiterbe-*

sprechung formalisiert werden (z.b. durch die Etablierung turnusmäßiger Teamsitzungen, in denen alle Mitarbeiter zusammenkommen und sich über Stärken und Schwächen aktueller Aktivitäten austauschen). Instrumente der *Koordination* zielen darauf ab, die Abstimmung mit und zwischen Mitarbeitern dadurch zu verbessern, dass konkrete Ziele vereinbart oder in sich geschlossene Aufgaben eindeutig zugeordnet werden. Ein wichtiges Instrument der Mitarbeiterführung, das auch im Kulturbereich zunehmend an Beachtung gewinnt, ist die Führung durch *Zielvereinbarungen* („management by objectives"). Bei der Anwendung dieses Führungsinstruments bedarf es der frühzeitigen Einbeziehung der Mitarbeiter in den Prozess der Zielfindung. Grundsätzlicher Bestandteil sind das Zielvereinbarungsgespräch, das der Festlegung der innerhalb einer Periode zu erreichenden Ziele dient, die Zwischenkontrolle zur Identifikation möglicher Probleme bei der Zielerreichung und das abschließende Zielerreichungsgespräch. Die Vorteile dieser Methode liegen u.a. in einer verbesserten Kommunikation zwischen Vorgesetztem und Mitarbeiter, der Herstellung von Transparenz, der Steigerung der Arbeitsmotivation und einer stärkeren Integration des Einzelnen in den Gesamtbetriebsablauf (siehe ausführlich hierzu Klein 2009b).

Insgesamt ist dieses Führungsinstrument nicht zuletzt wegen der motivierenden Eigenschaft von Zielen von besonderer Eignung für den Kulturbereich, in dem (konkrete) Ziele noch zu selten festgelegt werden (vgl. Kapitel 2.3.1). Kritischer Erfolgsfaktor ist allerdings, dass *gemeinsam* zwischen Führungskraft und Mitarbeiter vereinbart wird, welche Ziele in einem bestimmten Zeitraum erreicht werden sollen. Dabei ist es eine wesentliche Aufgabe der Führungskraft, darauf zu achten, dass die vereinbarten (Teil-)Ziele kongruent zu den Oberzielen bzw. der „mission" des Kulturanbieters sind und der betroffene Mitarbeiter sie aus eigener Kraft und bei gegebener Ressourcenverteilung erreichen kann. Abschließend bleibt darauf hinzuweisen, dass eine solche Zielvereinbarung auf allen Hierarchieebenen eines Kulturbetriebs getroffen werden kann (so kann z.B. auch im Kassenbereich die Dauer von Warteschlangen etc. reduziert, die Serviceorientierung von Mitarbeitern erhöht und die Abnahme von Beschwerden erreicht werden).

Was versteht nun ein Kulturmanager ganz praxisnah unter dem Begriff der Führung? Dazu führt nachfolgend der amtierende Leiter und Mitgründer des Schweizer Popmusikfestivals *m4music* aus.

3.3 Handlungsfelder des Personalmanagement im Kulturbetrieb

Praxisbeispiel Personalführung

„Bei einer dezentralen Organisation, wie dies bei *m4music* der Fall ist, heißt ‚führen' vor allem ‚kommunizieren'. Dabei kann man auf eine Vielzahl von Kommunikationsarten zurückgreifen, von denen die wichtigsten hier kurz diskutiert werden. So banal es tönen mag, aber persönliche Gespräche sind das wichtigste Führungsinstrument. Sie finden in Meetings oder am Telefon statt, wobei eine kurze Konferenzschaltung manchmal ein aufwändiges Meeting ersetzen kann. Wichtig ist, mit allen Beteiligten sowohl formelle wie auch informelle Gespräche zu führen. Bei wichtigen Gesprächen sollte unbedingt eine Gesprächsnotiz oder ein Beschluss-Protokoll per E-Mail nachgeschickt werden. [...] Die formellste schriftliche Kommunikation stellen Verträge, Vereinbarungen und Zielvereinbarungen dar. Hier sollte möglichst genau festgehalten werden, was vom Partner oder Mitarbeiter erwartet wird. [...] Bei externen Mitarbeitern werden die Verträge, wo vor allem die Prioritäten und die wichtigsten Ziele und Termine festgehalten sind, durch detaillierte Job-Beschriebe ergänzt, die jedes Jahr überarbeitet und dadurch noch genauer werden. Wichtig sind auch Abgrenzungen gegenüber anderen Jobs. Zielvereinbarungen sind auch bei *m4music* so SMART wie möglich formuliert: spezifisch, messbar, ambitiös, realistisch und terminbezogen. [...] Krisen und Konflikte beanspruchen die Führungs- und Kommunikationsfähigkeiten der Leitung besonders. Bei Konflikten im Team ist es meist besser, zwar zuzuhören, aber die Beteiligten den Konflikt selbst lösen zu lassen und nur einzugreifen, wenn Eskalation droht. Ist man selbst involviert gilt: zuerst überlegen, dann agieren. [...] Werden Lösungen gefunden, empfiehlt es sich, diese ‚Friedensverträge' auf unspektakuläre Weise schriftlich festzuhalten" (Schnyder von Wartensee 2010, S. 58).

3.3.4 Personalentwicklung

Die Veränderungen bei Stellenanforderungen, z.B. aufgrund technologischer Fortschritte, rechtlicher Änderungen, sich wandelnder Publikumsbedürfnisse oder Neuausrichtungen im Programm, bedingen die Notwendigkeit, dass sich die Mitarbeiter von Kulturbetrieben kontinuierlich weiterbilden. Aber auch der vielerorts anhaltende Abbau von Stellen zieht es zwangsläufig nach sich, dass die verbleibenden Mitarbeiter mehr und mehr Aufgaben übernehmen (müssen), für die ihnen unter Umständen die entsprechenden Kenntnisse und Fähigkeiten fehlen. Da das Know-how von Mitarbeitern eine der wesentlichen Voraussetzungen für den Kulturanbieter darstellt, um langfristig existenz- und wettbewerbsfähig zu bleiben, muss durch *Weiterbildung* (z.b. im Rahmen von Seminaren, Workshops, berufsbegleitendem Studium) und *sonstige Fördermaßnahmen* (z.B. Coaching, Mentoring) in das vorhandene Personal investiert werden. Ganz allgemein werden Maßnahmen der Personalentwicklung eingeleitet, um Qualifikationen zu vermitteln, die zur Steigerung der Leistungsfähigkeit und der beruflichen Entwicklung von Mitarbeitern dienen. Dabei geht es allerdings keinesfalls nur darum, die organisationale Seite im Blick zu behalten und den Zielen des Kulturbetriebs genüge zu tragen. Vielmehr können (sinnvolle) Maßnahmen der Personalentwicklung die Motivation und Zufriedenheit der betroffenen Mitarbeiter steigern und so insgesamt zu mehr Leistungsbereitschaft führen.

Praxisbeispiel Personalentwicklung

Auch in diesem Handlungsfeld agiert der *Landschaftsverband Westfalen-Lippe* vorbildlich, der bereits im Zusammenhang mit der Personalauswahl als Beispiel angeführt wurde: „Wir bemühen uns, dazu anzuregen, dass sich unsere Angestellten ständig weiterbilden und dies auch auf Eigeninitiative hin. Das Angebot ist vielseitig. Wir bieten sowohl Fortbildungen im Bereich Kulturmanagement an, als auch für unsere Wissenschafter die Möglichkeit, zum Beispiel Texte für Ausstellungen zu schreiben. Die Grundkompetenz dafür hat man natürlich im Studium erlernt. Aber es ist wichtig, besucherorientierte und publikumswirksame Formulierungen zu beherrschen, wissenschaftliche Aspekte z. B. im Bereich der Kunst für den Laien verständlich zu machen. […] Ein weiterer wichtiger Aspekt sind die Fortbildungen für Führungskräfte, die genau an den Herausforderungen der Posten ausgerichtet sind: Mitarbeiterführung, Mitarbeitermotivation, Umgang mit Krisensituationen usw. Unsere Seminare und Workshops werden von internen wie auch externen Anbietern übernommen. Dabei nehmen wir auch Rücksicht auf die Wünsche der Mitarbeiter, indem wir, wenn ein Bedarf von ausreichend vielen Kollegen formuliert wird, versuchen, ein passendes Angebot zu finden. Dieser Prozess ist nicht kostenlos zu bekommen. Die Investition lohnt sich aber, denn bei vielen Diskussionen wird vergessen, dass man genau dadurch enorm sparen kann, Personal langfristig für die eigenen Bedürfnisse auszubilden und in der Folge teure Korrektur- und Nachjustierungsphasen vermeidet" (Schuster 2010, S. 17f.).

Dass diese hohe Wertschätzung von Maßnahmen der Personalentwicklung in der Praxis – wo in den vergangenen Jahren die Etats für Weiterbildung bei vielen Kulturanbietern kontinuierlich geschrumpft sind – keine Allgemeingültigkeit besitzt, zeigt die Einschätzung einer Coaching-Expertin mit Arbeitsschwerpunkt

3.3 Handlungsfelder des Personalmanagement im Kulturbetrieb

Kunst und Kultur: „Ein [...] hinderliches Element ist das weit verbreitete Selbstbild von Kulturorganisationen, dass hier ‚die Uhren anders ticken', d.h. es wird bezweifelt, dass Personalentwicklung, die in der Wirtschaft ein zentrales Element der Mitarbeitermotivation ist und bewiesenermaßen auch den wirtschaftlichen Erfolg befördert, in der Kultur überhaupt notwendig ist. [...] Damit öffnet sich ein weiteres Thema, das die Haltung und die Bereitschaft zu Personalentwicklung prägt, nämlich das Verständnis von Führung bzw. Leadership im Kulturbetrieb. In vielen Fällen fühlen sich Führungspersonen eher dem künstlerischen Auftrag und den KünstlerInnen verpflichtet, als den MitarbeiterInnen. Das ist vor allem dann der Fall, wenn die Führungsposition selbst KünstlerIn ist. [...] Auch das fehlende Bewusstsein bei den Fördergebern und die damit verbundene mangelnde Bereitschaft, Budgets für Personalentwicklung zur Verfügung zu stellen, verzögert die zielgerichtete Beschäftigung mit Fragen des Personalwesens" (Wolf 2010, S. 13-15).

3.3.5 Personalfreisetzung

Die Notwendigkeit für dieses Handlungsfeld des Personalmanagement ergibt sich im öffentlichen Kulturbereich vor allem aufgrund sinkender Zuschüsse sowie bei privat finanzierten Kulturbetrieben aufgrund der weltweiten Wirtschafts- und Finanzkrise, aber auch wegen der auf vielen Märkten spürbaren Absatzrückgänge und der insgesamt schwierigen Nachfragesituation bei gleichzeitig anhaltendem Wettbewerbsdruck. Darüber hinaus machen es technologische Neuerungen, die Professionalisierung von Verwaltungsabläufen und die Rationalisierung von Leistungsprozessen, Veränderungen im Leistungsprogramm oder auch im Mitarbeiter liegende Gründe erforderlich, Maßnahmen der Personalfreisetzung zu treffen.

Die Personalfreisetzung enthält sämtliche Aktivitäten zur *Vermeidung* bzw. zum *Abbau* von *Überkapazitäten* beim Personalbestand. Damit ist die Freisetzung nicht gleichzusetzen mit der Entlassung von Mitarbeitern, diese stellt vielmehr eine Handlungsoption unter folgenden anderen dar: Versetzung (z.B. in einen neuen Arbeitsbereich), Arbeitszeitverkürzung (Absenkung der Arbeitszeit), Einstellungsstopp (im Stellenplan eines Kulturbetriebs häufig mit dem Kürzel „kW" für „keine Wiederbesetzung" gekennzeichnet), Nichtverlängerung befristeter Arbeitsverträge (z.B. von Projektmitarbeitern).

Vor allem im Orchester- und Theaterbereich findet sich nicht selten eine vorzeitige Trennung von Kulturbetrieb und Führungspersonal. Dass dieser häufig ein langer Prozess vorausgeht, der am Ende auch teuer für den Kulturbetrieb und seine Träger sein kann, zeigt das Beispiel des ehemaligen Intendanten der *Münchner Philharmoniker*.

Praxisbeispiel Freisetzung

„Für Außenstehende mag die Mitteilung der Trennung von Wouter Hoekstra plötzlich gekommen sein. Viele der Betroffenen sehen sich dagegen in einem langgehegten Wunsch bestätigt. Bereits kurz nach Hoekstras Amtsübernahme hatte Peter Meisel, der langjährige Leiter der Kommunikationsabteilung des Orchesters, entnervt das Handtuch geworfen und war zum Bayerischen Rundfunk gewechselt. Vor zwei Wochen gab Pressesprecher Carsten Gerhard, den Hoekstra selbst zum Orchester geholt hatte, sein Amt auf. Im Inneren des Systems Münchner Philharmoniker war schließlich keiner mehr motiviert, etwas gegen die stetig sich verschlechternde Atmosphäre zu tun. In der Verwaltung war man mehr mit interner Schadensbegrenzung beschäftigt als mit der Zukunft des Orchesters. Hoekstra wird mangelnde Entscheidungsfähigkeit nachgesagt und die Eigenschaft, Entschlüsse im stillen Kämmerlein zu fassen. Das ist für ein Verwaltungsteam, das die Arbeit von mehr als 100 Musikerinnen und Musikern steuert und einen Etat von 20 Millionen Euro im Jahr zu verantworten hat, kein gangbarer Weg. Und das ist es auch, was mit dem Verlust der ‚Vertrauensbasis' gemeint war, von dem die Betroffenen – Stadt, Orchestervorstand, Dirigent – jetzt öffentlich sprachen. [...] Die Trennung von Hoekstra kann allerdings eine teure Scheidung für die Stadt München werden: Im Überschwang, den Nachfolger für Bernd Gellermann gefunden zu haben, bot das Kulturreferat 2004 Hoekstra einen sieben-Jahres-Vetrag an. Laut "Münchner Abendzeitung" soll Hoekstras Gehalt 200.000 Euro im Jahr betragen, die nach seiner Entlassung im schlimmsten Fall für vier Jahre ohne weitere Gegenleistung zu zahlen sein würden" (Molnar 2007).

Diese Darstellung der wichtigsten Handlungsfelder des Personalmanagement im Kulturbereich abschließend, fasst Abbildung 9 die verschiedenen Entscheidungsaspekte im Überblick zusammen.

3.3 Handlungsfelder des Personalmanagement im Kulturbetrieb

Personalbedarfsplanung
- Qualitative PBP: benötigte Fähigkeiten der Mitarbeiter
- Quantitative PBP: benötigte Anzahl der Mitarbeiter

Personalbeschaffung
- Interne/externe Beschaffung
- Personalauswahl durch Bewerbungsunterlagen/-gespräche

Personalführung
- Beeinflussung von Einstellungen und Verhaltensweisen
- Koordination und Kontrolle von arbeitsteiligem Verhalten

Personalentwicklung
- Weiterbildung
- Coaching und Mentoring

Personalfreisetzung
- Versetzung
- Arbeitszeitverkürzung
- Einstellungsstopp
- Nichtverlängerung befristeter Arbeitsverträge
- Entlassung/Kündigung

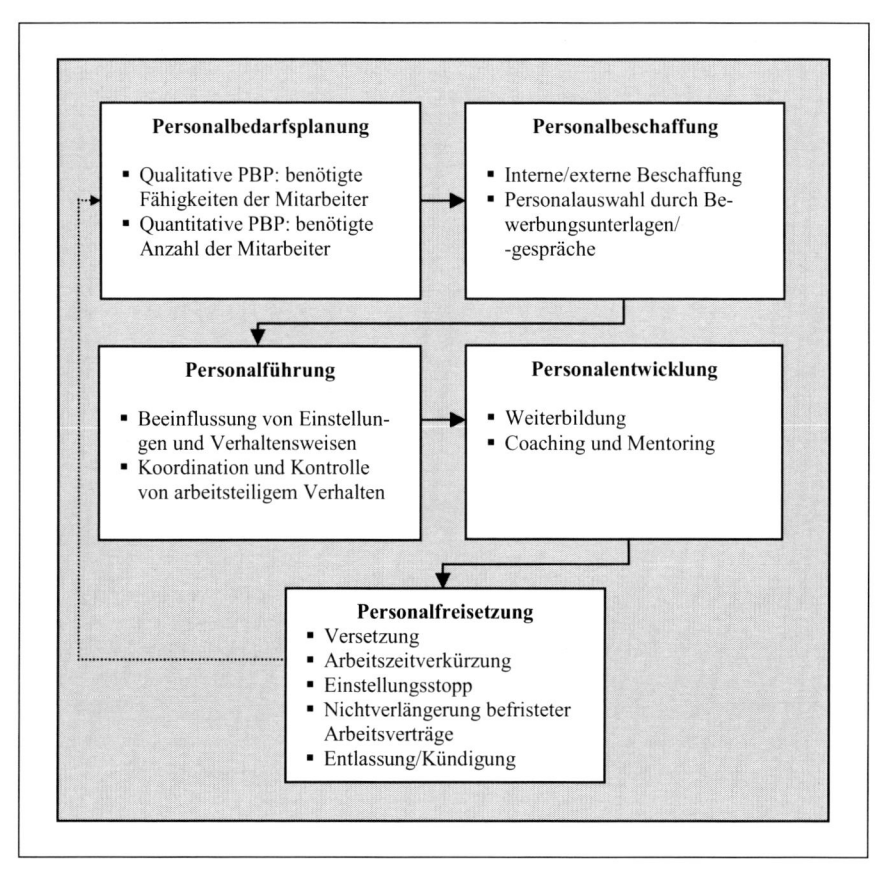

Abb. 9: Zentrale Handlungsfelder des Personalmanagement im Kulturbereich

4 Das Management finanzieller und sonstiger Mittel: Kulturfinanzierung

4.1 Begriff, Aufgaben und Quellen der Kulturfinanzierung

Kein Thema des Kulturmanagement hat die Kulturbetriebe in den letzten Jahren so intensiv beschäftigt wie das der Kulturfinanzierung. Vor allem die öffentlichen Kulturbetriebe sind in Zeiten sinkender Zuschüsse und Zuwendungen in hohem Maße damit beschäftigt, zusätzliche (private) Finanzierungsquellen zu erschließen. Gleichzeitig stehen alle Kulturanbieter unabhängig von ihrer Rechtsform und Trägerschaft im Wettbewerb um Drittmittel (Spenden, Sponsoring etc.) und die Einnahmen von potenziellen Nachfragern. Damit sind erste wichtige Begriffe in die Diskussion eingeführt. Zur Systematisierung der weiteren Auseinandersetzung ist es sinnvoll, zunächst eine terminologische Abgrenzung vorzunehmen:

Definition

Kulturfinanzierung umfasst sämtliche Maßnahmen der Mittelbeschaffung (und Mittelrückzahlung) zur Ermöglichung und Sicherung der Leistungserstellung und Leistungsverwertung von Kulturanbietern.

Unter Mitteln werden neben *finanziellen* Mitteln auch *sonstige* Mittel – v.a. Sachmittel, aber z.B. auch Zeitspenden (ehrenamtliches Engagement) – im vorliegenden Rahmen subsumiert. Diese sonstigen Mittel führen – anders als Finanzmittel – zu keinem Geldzufluss, sind aber gleichwohl von Bedeutung, da sie ansonsten im Budget der Kulturbetriebe eingeplant und als Ausgaben berücksichtigt werden müssten. Mit dieser Begriffserweiterung kommt es zu einer Abweichung vom klassischen Verständnis in der allgemeinen Betriebswirtschaftslehre (vgl. u.a. Wöhe 2010), um den Besonderheiten im Kulturbereich besser gerecht zu werden. Unter Berücksichtigung der im ersten Kapitel getroffenen Unterscheidung zwischen den drei Typen von Kulturbetrieben wird nachfolgend im Überblick untersucht, welche Maßnahmen zur Beschaffung solcher finanziellen und sonstigen Mittel typischerweise zur Verfügung stehen.

(a) Finanzierung öffentlich-rechtlicher Kulturbertriebe

Den größten Anteil an der Finanzierung öffentlicher Kulturbetriebe machen regelmäßig die *Zuschüsse* bzw. *Zuwendungen* der *Träger* (Kommune, Land und/ oder Bund) aus. Hinzu kommen eigene Einnahmen aus der Leistungsverwertung (z.b. Ticketverkäufe, Merchandising) sowie öffentliche und private Drittmittel (z.B. Sponsoring, Spenden). Darüber hinaus können Kredite von den Trägern oder bei Bürgschaften der Träger unmittelbar auf dem Kapitalmarkt aufgenommen werden; diese Form der (Fremd-)Finanzierung wird aufgrund ihrer nachgeordneten Bedeutung hier nur der Vollständigkeit halber genannt und im Weiteren nicht mehr berücksichtigt.

Das in Tabelle 5 dargestellte Beispiel der *Klassik Stiftung Weimar* (vgl. KSW 2010) zeigt exemplarisch, in welchem proportionalen Verhältnis der Anteil an Unterstützung durch den bzw. die Träger und der Anteil an eigenen Einnahmen bei vielen öffentlichen Kulturbetrieben steht.

	EUR	Anteil in %
Träger		
Bund	8.296.000	38
Land	8.296.000	38
Stadt Weimar	2.045.000	10
Eigene Einnahmen	3.094.000	14
Gesamt	**21.731.000**	**100**

Tab. 5: Finanzierungsstruktur der Klassik Stiftung Weimar in 2009

(b) Finanzierung privatrechtlich-gemeinnütziger Kulturbetriebe

Anders als für öffentliche Kulturbetriebe lässt sich für privatrechtlich-gemeinnützige nicht so eindeutig die wichtigste Finanzierungsquelle nennen – dafür gibt es zu viele unterschiedliche Arten dieses Kulturbetriebs. Im Folgenden soll jedoch ein erster Eindruck von möglichen Finanzierungsquellen vermittelt werden:

Im Falle gemeinnütziger *Vereine* in der Kultur sind die *eigenen Einnahmen* (z.B. Mitgliederbeiträge, Gebühren, Erlöse aus dem Verkauf von Waren und Dienstleistungen, Zinsen aus der Vermögensverwaltung) und die eingeworbenen *Drittmittel* (insbesondere Spenden von Privatpersonen und Unternehmen) meist besonders wichtig. Darüber hinaus werden weitere Quellen erschlossen, so z.B. die öffentliche Hand (z.B. über die Verteilung von Bußgeldern), private und öffentliche Stiftungen sowie Sponsoren (vgl. ausführlicher hierzu Zimmer/Priller 2007).

4.1 Begriff, Aufgaben und Quellen der Kulturfinanzierung

Bei gemeinnützigen (rechtsfähigen) *Stiftungen* wird zunächst ein Stiftungs*vermögen* gebildet. Dieses ist so zu verwalten (z.b. durch Anlage in Wertpapiere), dass es der Stiftung dauerhaft als Finanzierungsquelle zur Verfügung steht. Das Stiftungsvermögen selbst darf jedoch nicht zur Finanzierung von Aktivitäten der Stiftung verwendet werden. Neben Einnahmen aus *Vermögensverwaltung* dienen solche aus dem Verkauf von Waren und Dienstleistungen als Finanzierungsquelle. Des Weiteren kann sich die Stiftung wie der Verein aus öffentlichen und privaten *Drittmitteln* finanzieren, d.h. aus Zuwendungen der öffentlichen Hand sowie aus Spenden und Sponsoring (vgl. ausführlicher hierzu Meyn et al. 2009).

Im Falle *gemeinnütziger Gesellschaften mit beschränkter Haftung* (gGmbH) ist von den Gesellschaftern ein *Stammkapital* zu erbringen. Wie bei der Stiftung kann dieses verzinslich angelegt werden, so dass hieraus Einnahmen für die Finanzierung der laufenden Geschäftstätigkeit zur Verfügung stehen (soweit nicht Investitionen getätigt werden). Zudem wird die gGmbH wirtschaftliche Aktivitäten entfalten, um weitere Mittel zur Finanzierung ihrer Aufgaben zu erschließen. Hierzu gehört z.b. die Generierung von *eigenen Einnahmen* aus dem Verkauf von Eintrittskarten oder dem Merchandising. Ferner kann die gGmbH öffentliche und private *Drittmittel* einwerben (vgl. ausführlich Rohde/Engelsing 2006).

Insgesamt kann festgehalten werden, dass es Unterschiede und Gemeinsamkeiten bei der Finanzierung der verschiedenen Arten von gemeinnützigen Kulturbetrieben gibt. Zu den Gemeinsamkeiten gehört die Finanzierung durch eigene Einnahmen und Drittmittel – hierauf wird in den weiteren Kapiteln noch ausführlicher einzugehen sein.

(c) Finanzierung privatrechtlich-kommerzieller Kulturbetriebe

Auch bei kommerziellen Kulturbetrieben, wie z.B. Verlagen, Galerien, Musiklabels und Festivals, können verschiedene Finanzierungsformen unterschieden werden. So zählen zur Eigenfinanzierung eines Kulturunternehmens die *Einlagen* der Eigner bzw. Gesellschafter in Form von Finanzmitteln und sonstigen Mitteln sowie die *Selbstfinanzierung* aus erwirtschafteten Abschreibungen und im Rahmen der Leistungsverwertung erzielten und einbehaltenen Jahresüberschüssen. Zur Fremdfinanzierung gehört u.a. die Zuführung von *Fremdkapital* (z.B. durch Kredite der Eigner oder durch Darlehen von Kreditinstituten).

Darüber hinaus können auch von privat-kommerziellen Kulturbetrieben *Drittmittel* öffentlicher Geldgeber (z.B. Land, EU, Stiftungen) sowie privater Geldgeber (v.a. Sponsoren) für Projekte eingeworben werden. Zudem werden private Kulturbetriebe indirekt durch die öffentliche Hand unterstützt, z.B. durch Umsatzsteuerermäßigung oder den begünstigten Erwerb öffentlicher Grundstücke (z.B. um den Umzug eines großen Kultur- und Medienunternehmens an einen anderen Standort zu verhindern).

Die bisherigen Ausführungen zusammenfassend lassen sich *drei Hauptquellen* der Kulturfinanzierung unterscheiden (vgl. Abb. 10), die in den nachfolgend genannten Kapiteln ausführlicher diskutiert werden und deren konkrete Bedeutung von der jeweiligen Art des Kulturbetriebs abhängt:

- *Träger bzw. Eigner*: Im öffentlichen Kulturbereich sichern Bund, Land und Kommune im Rahmen ihrer Trägerschaft einen bestimmten Finanzierungsanteil (siehe Kapitel 4.2). Im privat-gemeinnützigen und privat-kommerziellen Kulturbereich stellen die jeweiligen Träger bzw. Eigner Kapital in Form von v.a. Finanz- und/oder Sachleistungen zur Verfügung. Des Weiteren kann durch den Träger bzw. Eigner Fremdkapital aufgenommen und an den Kulturbetrieb weitergeleitet werden.
- *Kunden bzw. Nachfrager*: Diese Quelle umfasst *Umsatzerlöse* aus der Leistungsverwertung (z.B. Eintrittskarten) sowie darüber hinaus *sonstige betriebliche Erträge* (siehe Kapitel 4.3). Zusammengefasst unter dem Begriff der „eigenen Einnahmen" hat diese Quelle bei vielen öffentlichen Kulturbetrieben nur eine vergleichsweise nachgeordnete Bedeutung.
- *Drittmittelgeber*: Zu unterscheiden ist hier in Drittmittel von *öffentlichen* Zuwendungsgebern (z.B. EU) und *privaten* Förderern (u.a. Unternehmen, Privatpersonen). Diese Fördermittel werden häufig *projektbezogen* vergeben. Wie oben dargelegt, können alle Typen von Kulturbetrieben diese Quelle ausschöpfen (siehe Kapitel 4.4).

Zum Abschluss dieser Darstellung lässt sich festhalten, dass Kulturfinanzierung selten eindimensional erfolgt, sondern vielmehr die Generierung und Einwerbung verschiedener Mittel aus unterschiedlichen Quellen erfordert – sie ist damit regelmäßig durch *Mehrdimensionalität* gekennzeichnet (siehe hierzu auch Klein 2008, S. 20ff.). Nachfolgend werden die wichtigsten der genannten Einnahmequellen näher betrachtet (für eine weiterführende Darstellung der Kulturfinanzierung sei auf Heinrichs 1997 und Gerlach-March 2010 verwiesen); im Mittelpunkt steht zunächst der öffentliche Kulturbereich.

4.2 Finanzierung durch staatliche Träger

```
                    Quellen der Kulturfinanzierung
        ┌───────────────────────┼───────────────────────┐
   Träger / Eigner           Nachfrager            Drittmittelgeber
        │                        │                       │
   Einlagen (v.a.           Eigene Einnahmen          öffentliche
   Finanz-/Sachmittel)                                Drittmittel
                           (Umsatzerlöse und
                            sonstige betrieb-
   Aufnahme von             liche Erträge)             private
   Krediten                                          Drittmittel
```

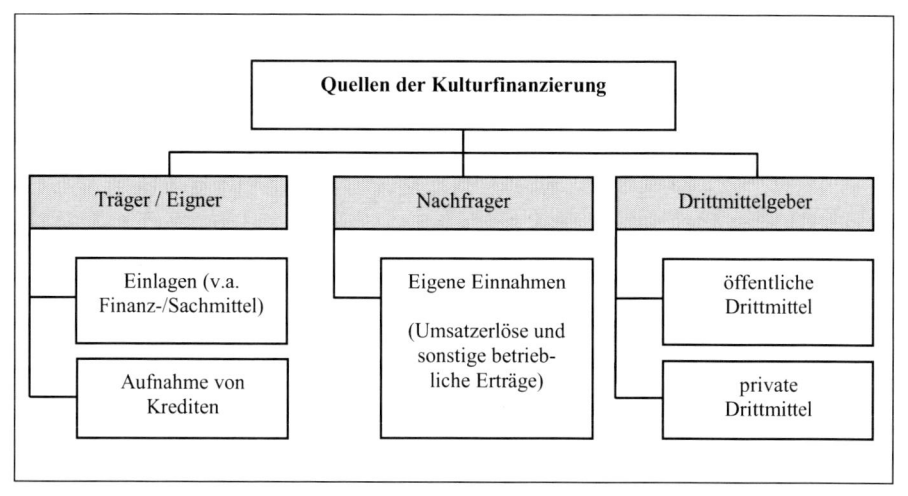

Abb. 10: Quellen der Kulturfinanzierung

4.2 Finanzierung durch staatliche Träger

Die öffentliche Kulturförderung in Deutschland ist charakterisiert durch die *Prinzipien* der Liberalität, Dezentralität, Pluralität und Subsidiarität. D.h. im Rahmen ihrer jeweiligen Zuständigkeit unterhalten Kommunen und Länder (sowie in Ausnahmefällen auch der Bund) zahlreiche eigene Kultureinrichtungen und unterstützen zudem eine Vielfalt an weiteren (freien) Kulturprojekten und -trägern. Dabei sind die *Kommunen* die Hauptträger der öffentlichen Kulturförderung wie für das Haushaltsjahr 2007 exemplarisch aufgezeigt werden soll (vgl. Statistisches Bundesamt 2010, S. 39): Von den insgesamt 8,5 Milliarden EUR an Kulturausgaben der öffentlichen Hand trugen die Kommunen einen Anteil von *45 Prozent* oder 3,8 Milliarden EUR. Mit *42 Prozent* der Kulturausgaben bzw. 3,6 Milliarden EUR wurde ein etwas geringerer Teil von den *Ländern* (einschließlich Stadtstaaten) übernommen.

Aber auch der *Bund* hat seine Funktion im Rahmen der Kulturfinanzierung; er förderte in 2007 ausgewählte Bereiche mit 1,1 Milliarden EUR (dies entspricht einem Anteil von *13 Prozent*): Vor allem die auswärtige Kulturpolitik, die kulturelle Repräsentation des Gesamtstaats, die Bewahrung und der Schutz des kulturellen Erbes sowie die Pflege des Geschichtsbewusstseins fallen in die Kompetenz des Bundes. Ein weiterer Schwerpunkt seiner Förderung sind kulturelle Einrichtungen mit nationaler bzw. gesamtstaatlicher Bedeutung sowie die kulturelle Hauptstadtförderung in Berlin und Bonn.

Insgesamt versteht sich die Bundesrepublik als ein *Kulturstaat*, dessen Aufgabe es ist, den finanziellen und rechtlichen Rahmen so abzustecken, dass sich Kunst und Kultur frei entfalten können. Neben dem *Grundgesetz* (Art. 5 GG) finden sich in zahlreichen *Landesverfassungen* Bestimmungen zum Schutz sowie zur Förderung dieser Bereiche. Die staatliche Kulturförderung in Deutschland ist damit vom Prinzip der Regierungsferne geprägt bei gleichzeitig hoher Gewährleistungs- und Finanzierungsverantwortung des Staates für die Grundversorgung mit Kultur, damit ein vielseitiges und vielschichtiges Kulturangebot bereit gehalten werden kann (vgl. Singer 2003). Gleichwohl ist die Förderung von Kunst und Kultur *keine Pflichtaufgabe* des Staates – vielmehr gehören die beiden Bereiche in allen Bundesländern (außer im Freistaat Sachsen) zu den freiwilligen Leistungen und stehen damit im Wettbewerb mit zahlreichen anderen Aufgaben der öffentlichen Daseinsvorsorge.

Wenngleich die Kulturförderung in Deutschland – historisch gewachsen und verfassungsrechtlich bestätigt – als eine unmittelbare Gestaltungsaufgabe des Staates verstanden wird, so kommen doch seit geraumer Zeit erhebliche Zweifel an ihrer Finanzierbarkeit auf. Ein Blick auf die Entwicklung von 1995 bis 2006 zeigt, dass die Kulturausgaben der öffentlichen Hand mehr oder weniger in der Nähe einer „magischen Grenze" von 8 Milliarden EUR blieben. Und selbst wenn diese Ausgaben gemäß den Angaben im jüngsten Kulturfinanzierungsbericht von 2007 bis 2010 kontinuierlich steigen sollten (und die Marke von 9 Milliarden schließlich überschreiten), so ist doch allein die reale, inflationsbereinigte Entwicklung relevant. Diesbezüglich zeigt sich ein weniger optimistisches Bild: Denn werden die Preisveränderungen näherungsweise in Höhe des für das Bruttoinlandsprodukt (BIP) errechneten Deflators eliminiert, so zeigt sich ein Rückgang bei den öffentlichen Kulturausgaben je Einwohner. Im Jahr 2007 lagen die Ausgaben je Einwohner real gesehen um 14,4 % unter dem Niveau von 1995 und um 12,5 % unter dem Niveau von 2000 (vgl. Statistisches Bundesamt 2010, S. 26).

Angesichts der von den US-amerikanischen Immobilienmärkten in 2008 ausgelösten Wirtschaftskrise, die auch die öffentlichen Haushalte erheblich in Mitleidenschaft gezogen hat, muss davon ausgegangen werden, dass diese Situation in absehbarer Zeit nicht besser wird. Damit aber sieht sich die Mehrzahl der öffentlichen Einrichtungen und Projekte mit der Tatsache konfrontiert, dass steigende Kosten (vor allem im Personalbereich) künftig voraussichtlich nicht durch steigende öffentliche Zuschüsse und Zuwendungen der Träger aufgefangen werden können.

Interessant ist die Beschäftigung mit der Frage, in welchem Umfang die Kultursparten, die sehr unterschiedlich im Hinblick auf ihren Finanzierungsbedarf sind, gefördert werden. Nicht überraschend ist, dass der Bereich *Theater*

4.2 Finanzierung durch staatliche Träger

und Musik traditionell den größten Teil der öffentlichen Kulturausgaben bindet. Wie die nachfolgende Tabelle 6 zeigt, floss im Jahr 2007 über ein Drittel (36,3%) der gesamten Kulturausgaben von Bund, Ländern und Gemeinden in diese Sparte. Den zweiten Ausgabenblock bildeten in 2005 die *Museen* mit knapp einem Fünftel (18,6%). Rund ein Siebtel der Kulturausgaben kam der Finanzierung der *Bibliotheken* (14,6%) zugute, die in 2007 den drittgrößten Ausgabenblock darstellten. Von den verbleibenden 30,5% der Gesamtsumme öffentlicher Kulturausgaben wurden *Denkmalschutz und Denkmalpflege*, die kulturellen *Angelegenheiten im Ausland*, die *Kunsthochschulen*, die *sonstige Kulturpflege* und die *Verwaltung* für kulturelle Angelegenheiten gefördert (vgl. Statistisches Bundesamt 2010, S. 46ff.).

	in Mio. EUR	EUR je Einwohner
Theater und Musik	3.069,6	37,31
Museen, Sammlungen und Ausstellungen	1.575,5	15,06
Bibliotheken	1.238,9	19,15
Denkmalschutz und Denkmalpflege	476,9	5,80
Kulturelle Angelegenheiten im Ausland	296,6	3,61
Kunsthochschulen	465,7	5,66
Sonstige Kulturpflege	938,6	11,41
Kulturverwaltung	397,7	4,83
Gesamt	**8.459,5**	**102,83**

Tab. 6: Öffentliche Kulturausgaben nach Sparten und je Einwohner in 2007

Die Ausgabenstruktur der drei Körperschaften zeigt gemäß ihrer *Aufgabenschwerpunkte* unterschiedliche Gewichtungen bei der Kulturfinanzierung. So lag die Hauptausgabenlast der *Kommunen* in 2005 in der Finanzierung von Theater und Musik (43,6 % der Gemeindemittel). Zweit- und drittgrößter Bereich waren die Museen (20,1%) und Bibliotheken (16,8 %). Eine ähnliche Ausgabenstruktur zeigen die Haushalte der *Länder*, bei denen die Theaterausgaben mit 38,8 % deutlich vor den Ausgaben für Museen (14,8 %) und Bibliotheken (9,8 %) lagen. Beim *Bund* standen die Ausgaben für kulturelle Angelegenheiten im Ausland mit einem Anteil von 27,2 % an den Gesamtmitteln des Bundes im Bereich Kultur an erster Stelle, gefolgt von den Ausgaben für Museen (26,5 %) und für Bibliotheken (23,6 %) (vgl. Statistisches Bundesamt 2010, S. 39).

Die oben beschriebene Finanzierung durch den bzw. die staatlichen Träger einer Kultureinrichtung erfolgt in Form von *Zuwendungen* bzw. *Zuschüssen*, die entweder (a) einer *Voll*finanzierung, d.h. die gesamten Ausgaben eines Kulturbetriebs werden gedeckt, oder (b) einer *Teil*finanzierung, d.h. nur ein Teil der Ausgaben wird übernommen, entsprechen. Die Vollfinanzierung einer Einrichtung kommt allerdings nur dann infrage, wenn das öffentliche Interesse an der Vorhaltung der erbrachten Leistungen besonders ausgeprägt ist – wie etwa bei der *Stiftung Topographie des Terrors*, dem internationalen Dokumentations- und Begegnungszentrum in Berlin. Wie aus Tabelle 7 ersichtlich, wird hier lediglich ein Prozent der Einnahmen selbst erwirtschaftet (vgl. SWF 2008, S. 120).

Finanzierungsquellen	in EUR	Anteil in %
Umsatzerlöse	59.000	1
Sonstige Betriebserträge	1.000	>0
Zuwendungen des Bundes und anderer Länder	1.672.000	38
Zuschüsse des Landes Berlin	2.724.000	61
Gesamt	**4.456.000**	**100**

Tab. 7: Finanzierungsquellen der Stiftung Topographie des Terrors

In vielen Fällen erfolgen die Zuwendungen in Form einer *Fehlbedarfsfinanzierung*: Finanziert wird die Deckungslücke zwischen der Gesamtsumme der zuwendungsfähigen Ausgaben und den eigenen und/oder fremden Mitteln eines Kulturbetriebs. In der Regel bleibt die Fehlbedarfsfinanzierung auf einen Höchstbetrag begrenzt, der jährlich zwischen den Entscheidungsträgern in Kulturverwaltung und Kulturbetrieb festgelegt wird. Allerdings hat diese Zuwendungsform einen „Systemfehler", da kein Anreiz zu wirtschaftlichem Handeln gesetzt wird: Erzielt der Kulturbetrieb höhere eigene Einnahmen, führen diese in voller Höhe zur Rückzahlung oder Kürzung der Zuwendungen des Trägers; gleiches geschieht, wenn der Kulturbetrieb seine Kosten senkt.

Insgesamt ist deutlich geworden, dass die Zuschüsse der staatlichen Träger den bei weitem größten Anteil an der Finanzierung vieler öffentlicher Kulturbetriebe ausmachen. Es ist naheliegend, dass diese Abhängigkeit von der öffentlichen Hand in schwierigen wirtschaftlichen Zeiten mit einer Verschlechterung der finanziellen Situation öffentlich getragener Kultureinrichtungen und Kulturprojekte einhergehen kann. Vor diesem Hintergrund ist es unumgänglich, die im Weiteren dargestellten Finanzierungsquellen möglichst umfassend auszuschöpfen. Diese sind für die öffentlich-rechtlichen, privat-gemeinnützigen und privat-kommerziellen Kulturanbieter gleichermaßen relevant.

4.3 Eigene Einnahmen

Eigene Einnahmen, auch Betriebseinnahmen genannt, sind in erster Linie Einnahmen, die ein Kulturanbieter im Rahmen seiner Leistungserstellung *selbst erwirtschaftet*. Im Schrifttum weichen die Bezeichnungen teilweise voneinander ab. Während z.b. Klein (2008a) von Eigenfinanzierungsanteil 1 (Umsatzerlöse) und Eigenfinanzierungsanteil 2 (Einnahmen aus betriebsnahen Strukturen) spricht, verwendet Gerlach-March (2010) die Begriffe Primär- und Sekundäreinnahmen. Für Sekundäreinnahmen findet sich in der Literatur auch der Terminus Nebeneinnahmen und Nebengeschäftserträge. Wenngleich es diese Begriffsvielfalt v.a. dem angehenden Kulturmanager erschweren mag, sich dem Thema zu nähern, so wird doch deutlich, dass es unterschiedliche Kategorien von Einnahmen und damit verschiedene Möglichkeiten für den Kulturbetrieb gibt, seine Situation in diesem Bereich zu gestalten. Unter Berücksichtigung der Vorgehensweise in der Praxis vieler Einrichtungen (z.B. im Rahmen von Wirtschaftsplänen von Theatern, Museen etc.) nach den Gliederungs- und Bewertungsvorschriften des Handelsgesetzbuch (HGB) werden die eigenen Einnahmen im Weiteren in (1) *Umsatzerlöse* und (2) *sonstige betriebliche Erträge* aufgeteilt (vgl. § 275 Absatz 2 HGB).

4.3.1 Umsatzerlöse

Als Umsatzerlöse werden die Erlöse aus *Verkauf, Vermietung* oder *Verpachtung* von Produkten und Dienstleistungen bezeichnet, die von Kulturanbietern im Rahmen ihrer *gewöhnlichen Geschäftstätigkeit* typischerweise erstellt bzw. vorgehalten werden (§ 277 Absatz 1 HGB). Zu den Verkaufserlösen gehören im Kulturbetrieb in erster Linie Eintrittsentgelte (z.B. Museen, Orchester, Events), Nutzungsgebühren (z.B. Bibliotheken) und Mitgliedsbeiträge (z.B. Kulturvereine). Tabelle 8 zeigt exemplarisch für den Theaterbereich, dass die Erlöse aus dem Verkauf von Eintrittskarten (inklusive Abonnements, Besucherorganisationen etc.) in der Regel einen (sehr) großen Anteil an den Umsatzerlösen von öffentlichen Kulturbetrieben ausmachen (Quelle: Theater Magdeburg 2010, S. 4).

Des Weiteren gehören zu den Umsatzerlösen die Erlöse aus dem Verkauf von Waren oder der Nutzung von Dienstleistungen, die in *engem Zusammenhang* mit dem gewöhnlichen Geschäftsbetrieb des Kulturbetriebs stehen. Dies sind zum Beispiel Führungen, Plakate, Kunstpostkarten, Kataloge, Archiv-/Fotothek-/Bibliotheksnutzung (etwa in Museen), Garderobe und Programmhefte. Ferner werden in diesem Buch das Merchandising und Licensing, zwei im Kulturbereich zunehmend „in Mode" gekommene Instrumente zur Erzielung eigener Einnahmen, hier subsumiert, da diese Nebengeschäftserträge eng verbunden sind mit dem Unternehmensgegenstand bzw. der Aufgabenstellung von Kulturbetrieben im weiteren Sinne.

	in EUR	in %
Erlöse aus Besucherentgelten	1.830.000	97
Erlöse aus Gastspieltätigkeit	45.000	2
Erlöse aus dem Verkauf von Programmheften und sonstigen Publikationen	25.000	1
Umsatzerlöse	**1.900.000**	**100**

Tab. 8: Umsatzerlöse des Theater Magdeburg im Wirtschaftsjahr 2010

Als *Merchandising* wird die Vermarktung des Image eines Kulturanbieters im Allgemeinen (z.b. der Bregenzer Festspiele), einer bestimmten Veranstaltung (z.b. die „Das MoMa in Berlin"-Ausstellung in der Neuen Nationalgalerie) oder eines bestimmten Exponats (z.b. die Mona Lisa im Louvre) über selbst entwickelte oder zugekaufte Produkte bezeichnet. Typische im Kulturbereich eingesetzte Merchandisingartikel, die entweder im eigenständigen Shop eines Kulturanbieters, an einem (temporären) Verkaufsstand im Eingangsbereich oder auch online angeboten werden, sind z.b. Tassen, Stifte, Mützen, Schlüsselanhänger, T-Shirts oder Tragetaschen. Diese und zahlreiche weitere Produkte sollen eine positive emotionale Bindung des Besuchers an ein Kulturerlebnis erzeugen und dienen durch ihre Erinnerungswirkung auch als Instrument zur Stimulierung von Weiterempfehlungsverhalten und Wiederbesuchsabsicht – sie wirken also mehrfach auf die Generierung von Einnahmen.

Praxisbeispiel Merchandising

Trotz seiner unbestrittenen Möglichkeiten verfügt das Merchandising allerdings auch über einige Fallgruben, die es vom Kulturmanager zu beachten gilt. Hierbei geht es u.a. darum, die entsprechenden Artikel so auszuwählen, dass die daraus zu erzielenden Erlöse die anfallenden Kosten für Herstellung oder Einkauf decken. Dies werden jedoch häufig genug nur wenige Produkte leisten können und oftmals bewegen sich Kulturbetriebe diesbezüglich in einem Spannungsverhältnis zwischen kommerziellen Interessen einerseits und inhaltlichen oder künstlerischen Ansprüchen andererseits. Ein plastisches Beispiel hierfür mag die Vermarktung der Mona Lisa von Leonardo Da Vinci sein, die vom *Louvre Museum* in Paris u.a. auf einer Plastikuhr für 25 EUR oder einer schmucklosen Kaffeetasse für 10 EUR angeboten wird. (Quelle: http://www. boutiquesdemusees.fr/en/shop/search?w=mona+lisa; Stand Oktober 2010)

Vom Merchandising abzugrenzen ist das *Licensing*, bei dem die Vermarktung eines Kulturbetriebs bzw. eines seiner Produkte über die Vergabe von Urheber- bzw. Nutzungsrechten (Lizenzen) gegen eine Gebühr an Dritte erfolgt. Ziel beim Licensing ist es gleichfalls, das vermarktete Produkt bzw. auch den dahinter stehenden Kulturanbieter stärker bekannt zu machen und sowohl aus der Lizenzgebühr als auch über die Vermarktung insgesamt Einnahmen zu erzielen. Der Licensing-Nehmer erwirbt das Recht, Produkte im Sinne des Merchandising herzustellen und zu verkaufen oder die Attraktivität eigener Produkte (z.B. Uhren, T-Shirts, Spielzeug) mit Hilfe der erworbenen Lizenz zu erhöhen. Im Museumsbereich werden im Rahmen der Lizenzvergabe z.B. auch fotografische Sammlungen zugänglich gemacht, so dass Lizenznehmer (u.a. Uhrenhersteller) Bilder von in der Regel international bekannten Künstlern (z.B. Mondrian) reproduzieren bzw. verwenden können (vgl. hierzu auch Klein 2008, S. 219f.).

Abschließend bleiben die Erlöse aus Vermietung und Verpachtung zu erwähnen, die in Kulturbetrieben wie z.B. Theatern, Museen, Orchestern oder Bibliotheken allerdings typischerweise außerhalb der gewöhnlichen Geschäftstätigkeit anfallen – weshalb sie nicht an dieser Stelle, sondern im Zuge der nachfolgenden Diskussion aufgegriffen werden (zu den Ausnahmen, z.B. bei multifunktionalen Kulturzentren, bei denen die Raumvermietung Teil der gewöhnlichen Geschäftstätigkeit ist, vgl. Heinrichs 1997, S. 169).

4.3.2 Sonstige betriebliche Erträge

Die sonstigen betrieblichen Erträge stellen einen Sammelposten dar und beinhalten weitere verschiedene Erträge eines Kulturanbieters. Anders formuliert: Während die Umsatzerlöse im Bereich der Kernleistungen von Kulturbetrieben anfallen, sind die sonstigen betrieblichen Erträge eher den zusätzlichen Aktivitäten eines Kulturanbieters zuzurechnen. Allerdings ist diese Unterscheidung der beiden Erlöspositionen nicht trennscharf und es finden sich in Praxis und Forschung sehr unterschiedliche Verwendungen des Begriffs der sonstigen betrieblichen Erträge (vgl. zu dieser nicht ganz einfachen Diskussion auch Gerlach-March 2010, S. 97f.).

Dennoch bleibt die Unterscheidung aus zwei Gründen wichtig: Zum einen wird sie im Rechnungswesen von Kulturbetrieben verwandt (und erscheint damit in Jahresabschlüssen und Wirtschaftsplänen), zum anderen wird dadurch erkennbar, dass es neben den Umsatzerlösen aus dem Verkauf von Leistungen im Kernbereich verschiedene weitere Möglichkeiten der Generierung von Einnahmen gibt. Hierzu gehören zum Beispiel: Erträge aus Vermietung (z.B. von Räumen, Technik, Theaterfundus) und Verpachtung (z.B. Shop, Gastronomie), Erlöse aus Werbeanzeigen, Dienstleistungen (Kopiergebühren, Beratungstätigkeiten etc.) oder dem Verkauf von Anlagevermögen (z.b. Verkauf von Instrumenten, Dekorationen, Kostümen, Vitrinen und anderer Betriebsausstattung). Zahlreiche weitere Positionen, die im Rahmen dieses Buches in anderen Kapiteln gesondert diskutiert und aus Gründen der Stringenz an dieser Stelle nicht weiter aufgeführt werden (auch um den Begriff der „eigenen Einnahmen" nicht zu verwässern), finden sich in der Praxis von Kulturbetrieben unter dem Sammelposten „sonstige betriebliche Erträge" erfasst: So werden beispielsweise in den Wirtschaftsplänen der *Theater Bonn* und *Magdeburg* die Zuschüsse der jeweiligen Träger sowie die Zuwendungen Dritter im Rahmen von Sponsoring und Spenden hierunter ausgewiesen (vgl. hierzu Kapitel 4.4.2 und 4.4.3). Auch Erträge aus Stiftungskapital zur Förderung der Kultureinrichtung (vgl. hierzu Kapitel 4.4.4) sowie Mitgliedsbeiträge aus Fördervereinen (vgl. Kapitel 4.4.3) werden in der Praxis zuweilen diesem Posten subsumiert (siehe hierzu auch Heinrichs 1997, S. 174ff.).

Abschließend bleibt vereinfachend festzuhalten: Ungeachtet der konkreten Aufschlüsselung der eigenen Einnahmen in die Kategorien Umsatzerlöse und sonstige betriebliche Erträge ist deutlich geworden, dass den Kulturbetrieben neben der Erwirtschaftung von Einnahmen aus dem Kerngeschäft (Eintrittskartenverkauf, Nutzungsgebühren etc.) zahlreiche weitere Möglichkeiten (Zusatzgeschäfte) zur Verfügung stehen, um den Eigenfinanzierungsanteil in gewissem Umfang zu erhöhen.

4.4 Drittmittel

Drittmittel sind jene finanziellen und sonstigen Mittel, die weder von den Kulturbetrieben selbst erwirtschaftet noch von den Trägern oder Eignern bzw. Gesellschaftern bereitgestellt werden, sondern von Dritten stammen. Diesbezüglich lassen sich Drittmittel *öffentlicher Zuwendungsgeber* (z.B. EU, Stiftungen) und *privater Zuwendungsgeber* (Privatpersonen, Unternehmen, private Stiftungen) unterscheiden. Es ist naheliegend, dass sowohl öffentliche Kultureinrichtungen als auch privat-gemeinnützige jede der genannten Arten von Drittmitteln einwerben können. Wie aber sieht es im privatwirtschaftlichen Bereich aus? Können z.B. auch privatrechtlich-kommerzielle Akteure Mittel der öffentlichen und privaten Hand akquirieren?

Diese Frage ist zu bejahen: Die öffentlichen Zuwendungen von Organen, wie z.B. der EU oder der Kulturstiftung des Bundes (siehe nachfolgendes Kapitel 4.4.1), werden in der Regel unabhängig von Rechtsform und Trägerschaft eines Antragstellers vergeben. So kann z.B. ein privates Theater in Kooperation mit europäischen Partnern Gelder aus EU-Mitteln oder der Bundeskulturstiftung für ein grenzüberschreitendes Projekt einwerben. Das Theater kann darüber hinaus versuchen, Unternehmen für seine Ziele zu gewinnen und Sponsorengelder zu akquirieren. Anders ist es im Bereich der Spenden, da die fehlende Gemeinnützigkeit eines privat-kommerziellen Kulturbetriebs die steuerliche Abzugsfähigkeit beim Spender verhindert.

4.4.1 Öffentliche Drittmittel

Öffentliche Drittmittel sind finanzielle Zuwendungen, die entweder von einer *Gebietskörperschaft* (Kommune, Land und/oder Bund), der *Europäischen Union* (EU) oder von einer *öffentlichen Kulturstiftung* gewährt werden. Im Falle öffentlicher Kultureinrichtungen, die bereits institutionell durch die öffentliche Hand gefördert werden, kommt eine weitere *projektbezogene* Förderung durch eine andere staatliche Ebene in Betracht – so dass zum Beispiel ein kommunales Museum projektbezogen Landes-, Bundes- oder EU-Zuwendungen zusätzlich zur institutionellen Förderung des Trägers erhält (so genannte *Mischfinanzierung*). Im Haushaltsplan eines Landes bzw. des Bundes dürfen solche projektbezogenen Zuwendungen allerdings nur veranschlagt werden, wenn es ein erhebliches Interesse an bestimmten Leistungen eines Kulturanbieters gibt und dieses ohne Zuwendungen nicht oder nicht in dem notwendigen Umfang befriedigt werden kann (vgl. hierzu z.B. § 23 der Landeshaushaltsordnung Nordrhein-Westfalen sowie § 23 der Bundeshaushaltsordnung).

Nicht zuletzt bietet die *Europäische Union* eine Vielzahl von Programmen, über die kulturelle Projekte gefördert werden. Allerdings erscheint das Fördersystem zuweilen so ausdifferenziert, dass so mancher Antragswillige bereits bei der Suche nach dem richtigen Programm gescheitert ist. Nachfolgend sollen wichtige Programme kursorisch vorgestellt werden (vgl. Klein 2008, S. 228 sowie ausführlich Gerlach-March 2010, S. 41ff.):

- *Strukturfonds* sind Finanzierungsinstrumente, mit denen die bestehenden Ungleichgewichte zwischen einzelnen Regionen und sozialen Gruppen innerhalb der EU beseitigt und insgesamt der wirtschaftliche und soziale Zusammenhalt in der Gemeinschaft gefördert werden sollen. Für Kultureinrichtungen von Interesse sind der *Europäische Fonds für Regionalentwicklung* (EFRE), der auch kulturelle Projekte zur Förderung strukturschwacher Regionen unterstützt, und der *Europäische Sozialfonds* (SF), dessen Aufgabe in der Eingliederung von Arbeitslosen und benachteiligten Bevölkerungsgruppen durch die Finanzierung von Ausbildungsmaßnahmen (z.B.

auch im Bereich Kunst- und Kulturmanagement) besteht. Die Begründung in der Antragstellung muss zwangsläufig wirtschafts-, nicht kulturpolitisch formuliert werden. Auch die *Kulturhauptstadt Ruhr.2010* wurde im Rahmen von Projekten zur Förderung der *Stadtentwicklung* (u.a. Verbesserung der Attraktivität der Innenstädte, Ausbau örtliche Infrastruktur) aus diesen Fonds unterstützt.

- Des Weiteren existieren so genannte *Gemeinschaftsinitiativen*, von denen insbesondere Interreg III und Leader+ bekannt sind. Während *Interreg III* (inzwischen *Europäische territoriale Zusammenarbeit*) die grenzübergreifende, transnationale und interregionale Zusammenarbeit fördert, bezieht sich *Leader+* auf die Entwicklung ländlicher Räume. Beispiele für im Rahmen von Interreg geförderte Projekte finden sich häufig an der Schnittstelle von Kultur und Tourismus, wie z.b. das Projekt „Jakobswege östlich und westlich der Oder in Brandenburg" der Europa-Universität Viadrina in Kooperation mit zahlreichen Kulturakteuren.
- Thematisch orientierte *Aktionsprogramme*, wie z.b. *Kultur*, das von 2007 bis 2013 Projekte fördert, dienen (a) der Unterstützung der grenzüberschreitenden Mobilität von im Kultursektor arbeitenden Menschen, (b) der Unterstützung der internationalen Verbreitung von künstlerischen Werken und Erzeugnissen und (c) der Förderung des interkulturellen Dialogs.

Weitere Mittel können von *öffentlichen Kulturstiftungen* eingeworben werden. Öffentliche Kulturstiftungen, wie z.b. die *Kulturstiftung des Bundes* oder die *Kulturstiftung der Länder*, werden vom Staat gegründet, der auch die laufende Finanzierung sicherstellt – weshalb sie zuweilen als „unechte Stiftungen" bezeichnet werden (siehe hierzu EK 2007, S. 159 sowie Kapitel 4.4.3). Die Kulturstiftung des Bundes fördert Kunst und Kultur im Rahmen der Zuständigkeit des Bundes. Ein Schwerpunkt liegt in der Förderung innovativer Programme und Projekte im internationalen Kontext – eine institutionelle Förderung ist ausgeschlossen. Dabei investiert die Stiftung auch in die Entwicklung neuer Verfahren zur Pflege des Kulturerbes und in die Erschließung kultureller und künstlerischer Wissenspotentiale für die Diskussion gesellschaftlicher Fragen. Die Kulturstiftung setzt außerdem einen Schwerpunkt auf den kulturellen Austausch und die grenzüberschreitende Zusammenarbeit. Sie initiiert und fördert dazu Projekte auf Antrag ohne thematische Eingrenzung in allen Sparten. Außerdem fördert sie die selbstverwalteten Kulturförderfonds: die Stiftung Kunstfonds, den Fonds Darstellende Künste, den Deutschen Literaturfonds, den Deutschen Übersetzerfonds und den Fonds Soziokultur sowie auch kulturelle Leuchttürme wie beispielsweise die documenta, das Theatertreffen der Berliner Festspiele oder die Donaueschinger Musiktage (vgl. www.kulturstiftung-des-bundes.de).

4.4 Drittmittel

Es ist nachvollziehbar, dass in Zeiten knapper Haushaltskassen viele Kulturbetriebe versuchen, ihre Projekte durch öffentliche Drittmittelgeber – vollständig oder anteilig – fördern zu lassen. Allerdings haben viele dieser Zuwendungsgeber sehr konkrete Vorstellungen davon, was förderungswürdig ist – Projekte, die nicht alle Kriterien erfüllen, werden nicht gefördert. Vor diesem Hintergrund bemühen sich die meisten Kulturbetriebe zusätzlich darum, *private Drittmittel* zu akquirieren. Hierzu zählen sowohl *nutzenorientierte* Mittel, denen eine erkennbare und nachvollziehbare Gegenleistung von Seiten des Kulturanbieters gegenüberstehen muss (Sponsoring) als auch eher *mäzenatisch* orientierte Leistungen, bei denen die Gegenleistung der Kultureinrichtung von nachgeordneter Bedeutung ist (Fundraising i.e.S.). Beides muss professionell angegangen werden und wird im Folgenden ausführlicher dargestellt.

4.4.2 Sponsoring

Sponsoring im Kulturbereich lässt sich allgemein beschreiben als die Planung, Organisation, Durchführung und Kontrolle sämtlicher Aktivitäten, die mit der Bereitstellung von Geld, Sachmitteln, Dienstleistungen und/oder Know-how durch Unternehmen zur Förderung von Künstlern, kulturellen Gruppen, Institutionen oder Projekten verbunden sind (vgl. Bruhn 2010, S. 6). Sponsoring ist damit ein *systematischer Entscheidungsprozess* – und zwar sowohl beim Sponsor (Unternehmen) als auch beim Gesponserten (kultureller Akteur). Weiteres wesentliches Merkmal des Sponsoring ist, dass es sich hierbei um ein *Geschäft auf Gegenseitigkeit* handelt, in dessen Rahmen die beteiligten Parteien bestimmte Ziele verfolgen, die durch einen Austausch von (in der Regel vorab festgelegten) *Leistungen und Gegenleistungen* erreicht werden sollen. Die konkrete Ausgestaltung dieses Prinzips des „do ut des" findet ihren Niederschlag in einem Sponsoringvertrag.

Richtig umgesetztes Sponsoring schafft eine *Win-Win-Situation* für beide Parteien: Während die Kulturanbieter an der Beschaffung von finanziellen und diversen sonstigen Mitteln (z.B. betriebswirtschaftliche Beratung, Herstellung von Kontakten, logistische Unterstützung) interessiert sind, verfolgen die Unternehmen mit ihrem Engagement in erster Linie *Kommunikationsziele*. Kultursponsoring bietet den Unternehmen eine geeignete Plattform, um die Vorziehenswürdigkeit der eigenen Produkte und Dienstleistungen in einem glaubwürdigen Umfeld zu kommunizieren. Durch das Sponsoring kann ein differenziertes und positives *Image* sowohl bei der Zielgruppe, als auch in der Öffentlichkeit und bei den Mitarbeitern geschaffen werden. Empirische Studien zeigen, dass es den Unternehmen neben dieser Möglichkeit zur Imagepflege und Imageverbesserung vor allem um die Nutzung des Sponsoring zur *Kontaktpflege* bzw. *Kundenbindung*, Erhöhung des *Bekanntheitsgrades*, Demonstration *gesellschaftlicher Verantwortung* und *Mitarbeitermotivation* geht (vgl. Witt 2000, S. 87ff.; Duda/Hausmann 2004, S. 34).

Für den Erfolg des Sponsoring ist es wesentlich, dass sich die Kulturanbieter mit der Interessenlage des Sponsors auseinandersetzen und seine Motive für das Eingehen von Sponsorships berücksichtigen. So sind im Vorfeld der Ansprache potenzieller Sponsoren unter anderem folgende Fragen zu klären:

- Was sind die Alleinstellungsmerkmale des Kulturbetriebs und geplanten Sponsoringprojekts?
- Welche Ziele werden mit dem Projekt verfolgt?
- Welche Zielgruppen werden mit dem Projekt angesprochen?
- Ist das Projekt medienrelevant bzw. kommunizierbar?
- Welche finanziellen und sonstigen Erfordernisse hat das Projekt?
- Welche Gegenleistungen kann die Kultureinrichtung anbieten?
- Zu welchem Zeitpunkt soll das Sponsorship beginnen und welche Dauer wird es umfassen?
- Welche Möglichkeiten der Erfolgsmessung des Sponsorship wird es geben?

Bei der Auswahl möglicher Sponsoren sollte grundsätzlich kriteriengeleitet vorgegangen werden – denn je mehr bereits im Vorfeld der Ansprache darauf geachtet wird, dass Kultur und Wirtschaft zusammen passen, desto höher wird die Wahrscheinlichkeit des Erfolgs bei der Sponsorenakquise. In diesem Zusammenhang relevante Aspekte sind unter anderem:

- Übereinstimmung der Zielgruppen, Produkte und/oder des Image von Sponsor und Kulturanbieter (Zielgruppen-, Produkt-, Imageaffinität),
- geographische Nähe zum Einzugsgebiet des kulturellen Akteurs,
- bisheriges und aktuelles Engagement in anderen Sponsorships,
- Seriosität des potenziellen Sponsors,
- Professionalität des Sponsors im Umgang mit Sponsorships in der Kultur.

Während das Sponsoring für die kulturellen Akteure allgemein eine Quelle der Kulturfinanzierung bzw. konkret der Einwerbung von Drittmitteln darstellt, wird das Sponsoring beim Unternehmen als ein Bestandteil des Kommunikationsmix (neben Werbung, Öffentlichkeitsarbeit etc.) gesehen (vgl. ausführlich hierzu Bruhn 2010, S. 244ff.). Folglich erwarten die Sponsoren für ihre möglichen Leistungen entsprechende *Gegenleistungen* der kulturellen Akteure, die im weitesten Sinne über Kommunikationswirkungen verfügen. Hierzu gehören zum Beispiel:

4.4 Drittmittel

- Namensnennung des Sponsors und Präsentation seines Logos auf Plakaten, Broschüren, Programmheften, auf der Homepage etc.,
- Hinweis auf den Sponsor in Eröffnungsreden, Interviews, Statements etc.,
- Nennung des Sponsors bei allen projektbezogenen Public Relations-Maßnahmen,
- Informationsstand des Sponsors im Rahmen von Veranstaltungen (z.b. zur Nutzung von Produktpräsentationen),
- Frei- bzw. Exklusivkarten für den Sponsor und dessen Geschäftsfreunde,
- Nutzung der Räumlichkeiten des Kulturanbieters für Unternehmenszwecke.

Praxisbeispiel Sponsoring

Die *Bayerische Staatsoper* in München verfügt über ein sehr differenziertes Sponsoringkonzept, bei dem Sponsoren aus neun Kooperationsformen wählen können: Hauptsponsor der Münchner Opernfestspiele, Partner von Neuproduktionen, Premium Circle, Patron Circle, Ballet Circle, Classic Circle, Campus Circle, Pate junger Nachwuchskünstler, Sponsor des Kinder und Jugendprogramms. Ziel dieser Differenzierung ist es, auf im Hinblick von Finanzkraft, Größe, Zielgruppen etc. heterogene Arten von Unternehmen anzusprechen – entsprechend unterschiedlich fallen auch die Gegenleistungen der Oper aus. Während Unternehmen im *Classic Circle* u.a. im Foyer auf einer Tafel aufgelistet werden, Kartenkontingente für Geschäftspartner, Werbeleistungen und Führungen hinter die Kulissen erhalten, bekommen Sponsoren im *Premium Circle* darüber hinaus gehende Leistungen, wie z.B. eigene Loge im Nationaltheater, persönliche Betreuung, Begrüßung durch Intendanz, Catering und Werkseinführungen (Quelle: www.bayerische-staatsoper.de; Stand Oktober 2010).

Insgesamt bleibt mit Blick auf die Bedeutung des Sponsoring für den Kulturbereich festzuhalten, dass sich viele Kulturprojekte der vergangenen Jahre ohne die finanzielle und sonstige Unterstützung von Unternehmen nicht hätten realisieren lassen. Gleichzeitig ist jedoch vor einer allzu hohen Erwartung an das Sponsoring zu warnen. Zum einen kann privates Engagement der Unternehmen die öffentliche Unterstützung immer nur ergänzen, nicht aber ersetzen. Dies belegen folgende Zahlen: Während die öffentliche Hand in der Vergangenheit rund 8 Mrd. EUR für die Kulturfinanzierung ausgegeben hat, liegt der Anteil der unternehmerischen Förderung durch Sponsoring zwischen 300 und 1.400 Mio. EUR (zur schwierigen Erfassung der tatsächlichen Höhe von Sponsoringausgaben privater Unternehmen vgl. auch die Diskussion bei Gerlach-March 2010, S. 53ff.).

Zum anderen zeigt sich in Untersuchungen, dass nicht alle Kultursparten gleich attraktiv für potenzielle Sponsoren sind. Wenngleich es letztlich immer auf die konkrete Institution (und deren klares Profil etc.) ankommt, so ist empirisch belegt, dass Theater – gegenüber Museen (oder anderen Förderobjekten wie etwa Sportveranstaltungen) – als Partner für Sponsoren vergleichsweise weniger interessant sind. So wurde im Rahmen der Studie „Mythos Sponsoring" (Leschig 2005) herausgefunden, dass die Unternehmen nach ihrer Einschätzung mit Theatersponsoring zu wenige Personen erreichen; der begleitende Marketing-Effekt des Sponsoring wird im Bereich der Darstellenden Kunst als (zu) gering angesehen. Theater haben aus Sicht der befragten Unternehmen nicht den gewünschten „dekorativen Effekt" wie große Blockbuster-Ausstellungen von Museen oder auch Sportveranstaltungen. Des Weiteren äußerten die befragten Unternehmen die Befürchtung, dass sie im Rahmen von Sponsorships mit Theatern eher in den laufenden Betrieb statt in ein bestimmtes Projekt investieren würden. Aber auch eine gewisse „Kulturferne" bzw. Unerfahrenheit mit der künstlerischen Arbeit von Theatern erschwert zuweilen noch die Zusammenarbeit zwischen diesem Bereich der Kultur und der Wirtschaft. – Dass diese Einschätzung naturgemäß nicht pauschal auf alle Betriebe der darstellenden Kunst und schon gar nicht auf die großen „Player" zutrifft, zeigt u.a. das oben dargestellte Beispiel der *Bayerischen Staatsoper* in München, die seit Jahren von einer Vielzahl von Sponsoren erfolgreich unterstützt wird.

Praxisbeispiel Sponsoring

Neben dem Theaterbereich klagen auch die Verantwortlichen im Tanzbereich über Schwierigkeiten bei der Akquise von Sponsoren. Vor allem dann, wenn Projekte im Kinder- und Jugendbereich zu fördern sind, scheint es schwer, Unternehmen zu gewinnen. Ein Beispiel hierfür ist das Projekt „Take off: Junger Tanz" des *Tanzhauses NRW* in Düsseldorf, das im Herbst 2010 trotz seines von verschiedenen Seiten bescheinigten Erfolgs für die Entwicklung junger Menschen vor dem Aus stand. Auf Rettung durch die zahlreichen potenten Düsseldorfer Unternehmen besteht bei den Verantwortlichen wenig Hoffnung: „Das Sponsoring im Tanzbereich ist eine Katastrophe. Der Tanz ist leider eine wenig attraktive Sparte für Unternehmen" (Ünlü 2010, S. C5). – Trotz der grundsätzlichen Schwierigkeit, Unternehmen für vermeintlich wenig spektakuläre Projekte im Kulturbereich zu gewinnen, kann analog zum Theater- auch für den Tanzbereich vermutet werden, dass es einigen der hier ansässigen Akteure derzeit noch schwerer als anderen Kulturbereichen fällt, sich gegenüber den potenziellen Sponsoren als attraktiv zu positionieren.

4.4 Drittmittel

Zusätzlich zu den genannten Aspekten ist festzuhalten, dass sich durch Sponsoring auch (neue) Abhängigkeiten ergeben, deren Ausmaße in wirtschaftlich schwierigen Zeiten besonders virulent werden. So hat sich z.b. die *City Opera* in New York aufgrund der amerikanischen Immobilien- und Finanzkrise kurzfristig mit erheblichen Einbußen bei ursprünglichen Finanzierungszusagen konfrontiert gesehen. Nicht zuletzt aus diesem Grund platzten anschließend die Verhandlungen mit dem designierten Intendanten Gerard Mortier, da das zu Verhandlungsbeginn zugesicherte Budget von 60 Millionen Dollar p.a. aufgrund der Kurseinbrüche an der Wall Street auf 36 Millionen Dollar gekürzt werden musste (vgl. Mejias 2008). Wenngleich diese Dimensionen in Deutschland vergleichsweise unbekannt sind, werden Zusammenhänge offensichtlich, die von Kulturanbietern zu beachten sind: Nur wenn es der Wirtschaft gut geht, werden die vereinbarten Summen fließen – in schlechten Zeiten können diese Geldquellen schnell versiegen.

Darüber hinaus können mit dem Sponsoring dann Interessenskonflikte verbunden sein, wenn ein Unternehmen die gewünschten Werbe- und Kommunikationswirkungen durch (mehr oder minder subtile) Einflussnahme auf die inhaltlich-fachliche Arbeit einer Kulturinstitution herzustellen versucht – dies kann selbst bei dem Sponsorship zugrunde liegenden Verträgen nicht immer ausgeschlossen werden. Das nachfolgende Beispiel zeigt zudem, dass die Einbeziehung privater Unternehmen in seltenen Fällen auch dazu führen kann, dass eine Kultureinrichtung in den Strudel (gesellschafts-)politischer Ereignisse gezogen wird.

Praxisbeispiel Sponsoring

Die *Tate Gallery* in London wird seit rund 20 Jahren vom englischen Ölgiganten *British Petroleum* (BP) unterstützt. Aufgrund der durch einen zerstörten Bohrturm ausgelösten Ölkatastrophe vor der amerikanischen Küste ist das Image von BP in 2010 erheblich in Mitleidenschaft gezogen worden. Im Zuge dieser Entwicklung ist auch die Tate Gallery unter Druck geraten: Kritiker warfen ihr vor, dass BP die Kooperation nutzen würde, um seine umweltzerstörenden Aktivitäten mit sozialer Legitimität zu maskieren. Eine Protestgruppe wurde aktiv und schüttete vor dem Eingang der Tate eine zähe, dunkle Flüssigkeit aus, die sie mit Vogelfedern bedeckte. Der Tate-Chef hielt jedoch unbeirrt an der Partnerschaft fest und bekam Rückendeckung durch einen englischen Journalisten des Guardian, der die insgesamt bereits heikle Angelegenheit weiter auf die Spitze trieb: In Zeiten von Subventionskürzungen ginge es vor allem darum, die Museen offen und den Eintritt gratis zu halten und wenn die Einrichtungen dafür „Geld von Satan persönlich bekämen", so sollten sie es tun (vgl. Menden 2010).

4.4.3 Fundraising i.e.S.: Spenden

Der Begriff des Fundraising wird in der Literatur nicht einheitlich verwendet. So wird das Fundraising zum Teil als Oberbegriff verstanden, dem das Sponsoring als ein Instrument im Gesamtmix des Fundraising zu subsumieren ist (vgl. Lissek-Schütz 1998, S. 7f.; Haibach 2002, S. 148ff.; Gerlach-March 2010, S.47ff.). Nach einer anderen Sichtweise werden Fundraising und Sponsoring als zwei eigenständige, gleichrangige Instrumente eingeordnet, wobei Fundraising das systematische und professionelle Sammeln von Spenden umfasst. Welche Sichtweise ist nun richtig oder zumindest sinnvoll? Zunächst bleibt festzuhalten, dass „to raise funds" das „Einwerben von (finanziellen) Mitteln" bedeutet. Vor diesem Hintergrund würde vieles für die erste Sichtweise und die Verwendung als Oberbegriff sprechen – dennoch hat sich letztere Sichtweise in Theorie und Praxis des deutschsprachigen Raums weitgehend durchgesetzt (u.a. Heinrichs 1997; Bendixen 2006; Klein 2008; Heinze 2009).

Weil dies dem ursprünglichen (anglo-amerikanischen) Verständnis entgegensteht und daher als etwas unglücklich zu bezeichnen ist (siehe hierzu auch die Anmerkungen von Klein 2008, S. 244 und Haibach 2008, S. 88), soll hier in das Fundraising im weiteren und im engeren Sinne unterschieden werden. *Fundraising i.w.S.* umfasst entsprechend das gezielte und planmäßige Einwerben jeglicher finanzieller und sonstiger Mittel, die nicht eigene Einnahmen oder – im Falle öffentlich-rechtlicher Einrichtungen – institutionelle Zuschüsse des bzw. der Träger sind. *Fundraising i.e.S.* wird hier im Sinne eines systematischen Sammelns von *Spenden* verstanden (vgl. zu dieser Diskussion um die Begriffsauslegung auch Gerlach-March 2010, S. 47ff.).

Spenden umfassen freiwillige, monetäre oder auch nicht-monetäre (z.B. Zeitspende) Leistungen, denen *keine direkten, marktadäquaten Gegenleistungen* (z.B. im Sinne von Werbe- bzw. Kommunikationsleistungen wie beim Sponsoring) gegenüber stehen. Allerdings, und das soll hier nicht unerwähnt bleiben, werden vom Spender durchaus gewisse Gegenwerte, v.a. auch immaterieller Natur erwartet: Diese reichen vom freundlichen Dankeschön per Brief oder im Gespräch, einer Einladung zum Tag der offenen Tür bis hin zur Ausstellung von Spendenbescheinigungen zur steuerlichen Absetzbarkeit von Geldspenden beim Spender. Letztlich aber sind diese Gegenwerte – zumindest in steuerrechtlicher Hinsicht – nachgeordnet, womit sich das Fundraising i.e.S. deutlich vom Sponsoring unterscheidet. Zielgruppen des Fundraising im Sinne des Spendensammelns sind in erster Linie Privatpersonen, aber auch von Unternehmen können durch entsprechendes Spendenmarketing Finanz- und Sachmittel akquiriert werden.

Erfolgreiches Fundraising i.e.S. zeichnet sich durch eine systematische, zielgruppenbezogene und auf Kontinuität angelegte Vorgehensweise aus. Die einzel-

4.4 Drittmittel

nen Schritte eines Fundraisingkonzepts und deren Umsetzung müssen langfristig geplant und aufeinander abgestimmt werden. Nicht zuletzt aufgrund der Tatsache, dass eine Vielzahl von Gemeinwohlanliegen und gemeinnützigen Organisationen um die Gunst möglicher Spender und Zuwendungsgeber konkurriert, ist von besonderer Bedeutung, dass der Organisationszweck, die primären Aufgaben und das Profil des Kulturanbieters für Externe eindeutig erkennbar sind.

Ein weiterer Eckpfeiler einer professionellen Fundraisingkampagne ist die Bestimmung konkreter Zielvorgaben einschließlich möglicher Instrumente zur Kontrolle der im Rahmen des Fundraising verursachten *Kosten* (z.B. für die Ansprache potenzieller Spender) und des erzielten *Nutzens* (v.a. im Hinblick auf die Höhe der eingeworbenen Spenden). Darüber hinaus sollte bereits frühzeitig geklärt werden, welche *personellen* Ressourcen (in quantitativer und qualitativer Hinsicht) bei dem Kulturanbieter vorhanden sind, um das Fundraising systematisch durchführen zu können. Insgesamt sollte diesem Aspekte einige Aufmerksamkeit zukommen, da professionelles Spendensammeln nicht nur erheblichen personellen Einsatz erfordert, sondern auch Mitarbeiter, die die Fallgruben und Erfolgsfaktoren des Fundraising genau kennen.

Wenn die Ziele einer Spendenkampagne abgesteckt sind, ist ähnlich wie beim Sponsoring zu klären, welches Projekt konkret zu fördern ist und in welcher Höhe Mittel benötigt werden. In diesem Kontext sind auch der Zeitpunkt und ggf. die Dauer des Spendensammelns festzulegen. Dabei ist zu beachten, dass sich Vorhaben unterschiedlich gut für eine Ansprache der Zielgruppen des Fundraising i.e.S. (Privatpersonen, Unternehmen) eignen. Für alle Spender aber muss ein überzeugender Fördergrund erkennbar sein, mit dem sie sich identifizieren können und dessen Unterstützungswürdigkeit unmittelbar nachvollziehbar ist (vgl. Haibach 2002, S. 78ff.).

Letztlich darf das Verständnis des Fundraising nicht auf die einmalige Beschaffung von Geld und Sachmittel reduziert werden. Wenngleich dies in der Praxis häufig im Vordergrund steht, so ist doch für den Erfolg beim Fundraising eine Sichtweise entscheidend, bei der es um den Aufbau und die Pflege von *Beziehungen* zwischen den Geldgebern und Kulturanbietern geht. Im Kern eines solchen „Friendraising" bzw. „Relationship Fundraising" steht die Entwicklung von Aktivitäten, durch die sich die Förderer wichtig, geschätzt und geachtet fühlen. Im Mittelpunkt steht also weniger das (kurzfristig ausgerichtete) Einsammeln von Geld, als vielmehr die Entwicklung einer (langfristigen) Beziehung zwischen der Kultureinrichtung und ihren Spendern. Damit ist es eine zentrale Herausforderung des Friendraising, die Finanzierungspartner dazu zu bewegen, einen Kulturanbieter wiederholt und im Idealfall dauerhaft zu unterstützen (weiterführend hierzu Gerlach-March 2010, S. 64ff.).

Ein typisches Beispiel eines solchen Friendraising stellt der Aufbau von *Freundeskreisen* und *Fördervereinen* dar, da durch diese Institutionen nicht nur finanzielle Mittel bereitgestellt werden, sondern – idealerweise – auch Beratungs- und Unterstützungsleistungen (z.b. durch ehrenamtliches Engagement bei der Durchführung von Veranstaltungen oder die Anbahnung von Kontakten zu anderen Spendern und Sponsoren). Eine Trennung von Freundeskreis und Förderverein ist dann sinnvoll, wenn hierdurch unterschiedliche Zielgruppen mit unterschiedlichen Beitrittsmotiven angesprochen werden sollen: Wenn sich zum Beispiel der Freundeskreis an eine breite Interessengruppe wendet (und der Jahresbeitrag entsprechend niedrig angesetzt wird), kann der Förderverein für eine Klientel mit nachhaltiger (finanzieller) Unterstützungsabsicht vorbehalten bleiben (vgl. Lissek-Schütz 1998, S. 18ff.).

Praxisbeispiel Förderverein

Ein solch namhafter und potenter Verein ist der *Verein der Freunde der Nationalgalerie e.V.*, der sich bereits 1984 auf Anregung des Vorsitzenden Peter Raue entschloss, neben dem Erwerb von Kunstwerken auch die Finanzierung von Ausstellungen der Nationalgalerie zu übernehmen. Mehr als fünf Millionen Menschen haben seitdem die über 70 vom Verein der Freunde der Nationalgalerie seitdem finanzierten Ausstellungen besucht. Glanzpunkt war die im Februar 2004 eröffnete Ausstellung „Das MoMA in Berlin" bei der 1,2 Millionen Besucher in die Neue Nationalgalerie strömten. Das war der bislang größte Erfolg des Fördervereins auf diesem Gebiet mit einem finanziellen Überschuss von 6,5 Millionen Euro aus Eintrittsgeldern, Katalogverkäufen sowie Erlösen aus dem Museumsshop. Getragen wird der Verein von mittlerweile über 1.500 Mitgliedern, Mäzenen und engagierten Vorstands- und Kuratoriumsmitgliedern (Quelle: www.freunde-der-nationalgalerie.de; Stand Oktober 2010).

Weitere Kriterien zur Unterscheidung der beiden Organisationsformen sind (vgl. Gerlach-March 2010, S. 71ff.): *Rechtsstatus* (anders als der Freundeskreis ist der Förderverein eine juristische Person gemäß BGB), *Einnahmen* (verbleiben beim Förderverein zur zeitnahen Verwendung und gehen beim Freundeskreis an die Kultureinrichtung), *Gemeinnützigkeit* (ist beim Förderverein aufgrund seiner Rechtsfähigkeit zu prüfen; der Freundeskreis gilt als gemeinnützig, wenn die dahinter stehende Organisation es ist), *Spendenbescheinigung* (wird beim Förderverein vom Verein ausgestellt, beim Freundeskreis von der übergeordneten Organisation). Last but not least geht es immer auch um das Kriterium der *Einflussnahme*: Diesbezüglich kann davon ausgegangen werden, dass Fördervereine

4.4 Drittmittel

in der Regel deutlich autarker agieren können als Freundeskreise – eine Tatsache, die nicht jedem Manager von Kultureinrichtungen gefällt.

4.4.4 Private Stiftungen

Eine private Stiftung ist im Sinne des Bürgerlichen Gesetzbuches (§§ 80-88 BGB) definiert als rechtsfähige Organisation des Privatrechts, die bestimmte Zwecke mit Hilfe eines dafür dauerhaft gewidmeten Vermögens verfolgt. Konstitutiv für Stiftungen sind die folgenden Merkmale:

- *Stiftungszweck*: Dieser wird durch den Stifterwillen/-akt festgelegt und ist in der Regel gemeinnützig. Gemeinnützig ist eine Organisation gemäß § 52 Abgabenordnung (AO) dann, wenn ihre Tätigkeit z.b. darauf ausgerichtet ist, die Allgemeinheit in materieller oder geistiger Hinsicht zu fördern.
- *Stiftungsvermögen*: Das Grundvermögen ist unantastbar. Durch umsichtige Finanzanlagen unter Berücksichtigung der Substanzerhaltung soll dieses Vermögen Erträge erwirtschaften, aus denen der Stiftungszweck realisiert werden kann.
- *Stiftungsorganisation*: Es muss eine auf Dauerhaftigkeit angelegte Organisation zur Durchsetzung des Stifterwillens eingerichtet werden. Zwingend vorgeschrieben sind ein Vorstand (ggf. Geschäftsführer) und eine Satzung. Ein kontrollierendes Kuratorium (Stiftungs- oder Verwaltungsrat) ist fakultativ.

In den letzten Jahren ist es zu einem Boom im privaten Stiftungsbereich gekommen (vgl. hierzu auch Fleisch 2009, S. 4; Gerlach-March 2010, S. 77ff.). Im Jahr 2008 zählte der Bundesverband Deutscher Stiftungen über 16.000 Stiftungen, davon über 1.000 Neuerrichtungen. Gründe hierfür liegen nicht zuletzt darin, dass die geburtenstarken Jahrgänge in ein Alter kommen, in dem eher gestiftet wird – überproportional häufig dann, wenn keine eigenen Kinder vorhanden sind. Es ist davon auszugehen, dass sich dieser Trend aufgrund des demographischen Wandels, mit dem sich die Bundesrepublik in den nächsten Jahrzehnten konfrontiert sieht (vgl. Hausmann/Körner 2009), fortsetzen wird.

Kunst und Kultur stehen nach sozialen Zielen und Bildung/Erziehung an dritter Stelle der Stiftungszwecke; derzeit sind (nur) etwa 15 bis 20 Prozent der Stiftungen reine Kulturstiftungen (vgl. EK 2006, S. 173; Fleisch 2009, S. 4). Stiftung ist allerdings nicht gleich Stiftung; es sind vielmehr drei (idealtypische) Formen zu unterscheiden:

- *Anstaltsträgerstiftung*: Diese ist institutioneller Träger und Förderer einer bestimmten kulturellen Aufgabe. So wird das *museum kultur palast* in Düsseldorf oder das *Deutsche Meeresmuseum* in Stralsund durch eine private Anstaltsträgerstiftung getragen.
- *Förderstiftung*: Erträge des Stiftungsvermögens werden verwendet, um fremde Projekte zu unterstützen. Die Förderstiftung ist selbst nicht operativ tätig. Ein Beispiel hierfür ist die *Stiftung für Kunst und Wissenschaft* der Hypo Real Estate Bank International AG, die mit Schwerpunkt in Baden-Württemberg geistige und künstlerische Arbeiten vor allem in den Bereichen Schrifttum, Malerei, Bildhauerei, Musik, Theater, Architektur/Design, Landeskunde und Brauchtum fördert.
- *Operative Stiftung*: Diese Stiftungsform verwirklicht über eigene Förderprogramme und -projekte den Stiftungszweck. Die *Bertelsmann Stiftung* in Gütersloh ist eine solche operative Stiftung, die ihr Budget in Projekte investiert, die sie selbst konzipiert, initiiert und in der Umsetzung begleitet. Ein groß angelegtes und öffentlichkeitswirksames Projekt im Kulturbereich war der erste „interkommunale Leistungsvergleich" von Museen, Bibliotheken etc., der in Deutschland durchgeführt wurde.

Praxisbeispiel Anstaltsträgerstiftung

Die Stiftung Deutsches Meeresmuseum, *Museum für Meereskunde und Fischerei · Aquarium*, ist eine rechtsfähige, privatrechtliche Stiftung mit Sitz in Stralsund. Erster Stifter ist die Hansestadt Stralsund, zweiter Stifter der Verein der Freunde und Förderer des Meeresmuseums e.V. Die Organe der Stiftung sind der Verwaltungsrat, der Beirat und der Direktor. Die Stiftung finanziert sich durch eigene Einnahmen sowie durch Zuwendungen.

Bereits vor 1989 verfügte das Museum über internationale Ausstrahlung und hatte somit gute Voraussetzungen, sich als nunmehr einzige Einrichtung dieser Art in Deutschland, den neuen, viel umfangreicheren Aufgaben zu stellen. Daraus ergab sich 1994 die Umwandlung des bis dahin städtischen Museums in eine selbständige Stiftung des bürgerlichen Rechts.

Zweck der Stiftung ist es, als allgemein bildende, wissenschaftliche, kulturelle, gemeinnützige und gesamtstaatlich repräsentative Einrichtung das Deutsche Meeresmuseum zu betreiben. Die Stiftung ist selbstlos tätig und verfolgt nicht in erster Linie eigenwirtschaftliche Zwecke (Quelle: http://www.meeresmuseum.de/ueber-uns/stiftung.html; Stand Oktober 2010).

4.4 Drittmittel

In der Praxis von Förder- und operativen Stiftungen kommt es häufig zu Mischformen. Der Bundesverband Deutscher Stiftungen weist darauf hin, dass von den Stiftungen in Deutschland 61% fördernd, 22% operativ und weitere 17% beide Arbeitsformen verbindend tätig sind (BDV 2001, S. xvf.). Allen gemeinsam ist es, dass der Ausschüttung von Stiftungsgeldern in der Regel ein langwieriger Prozess voraus geht. Gerlach-March beschreibt diesen Prozess kenntnisreich und kristallisiert einige Kernelemente heraus: Hierzu gehören ein eindeutiges Projektthema, eine prägnante Kurzvorstellung, eine konkrete Darstellung von Methoden, Zielen und Adressaten, ein Zeitplan sowie ein möglichst detaillierter Kosten- und Finanzierungsplan. Dabei gilt als oberstes Gebot: Wenn das geplante Vorhaben eines Kulturanbieters nicht dazu geeignet ist, den Stiftungszweck „unmittelbar" zu verwirklichen, bleibt es von der Förderung, auch wenn der Antrag vorbildlich gestellt wurde, ausgeschlossen (vgl. Gerlach-March 2010, S. 80ff.).

5 Das Management neuer Märkte und Zielgruppen: Kulturtourismus

5.1 Zahlen, Historie und Begriffsbestimmung

Wie in der Einführung angesprochen, verlässt das Buch mit diesem Abschlusskapitel seine bisherige Systematik. Ging es bislang mit Kulturmarketing, Personalmanagement und Kulturfinanzierung um Kernfunktionen des Kunst- und Kulturmanagement, wird im Weiteren kein Funktionsbereich im betriebswirtschaftlichen Sinne, sondern ein Handlungsfeld und wichtiger (Arbeits-)Markt für Kunst- und Kulturmanager vorgestellt – in dem die bisher besprochenen Zusammenhänge eine große Rolle spielen. So braucht es Marketingmaßnahmen, um Zielgruppen für kulturtouristische Leistungen gewinnen und binden zu können. Des Weiteren muss Personal eingestellt oder (weiter-)qualifiziert werden, um den Besonderheiten des kulturtouristischen Marktes genüge tragen zu können. Gleichfalls sind Kenntnisse der Kulturfinanzierung erforderlich, damit die Potenziale des Marktes auch in dieser Hinsicht vollständig ausgeschöpft werden können.

Nachdem der Rahmen abgesteckt ist, soll es im Weiteren darum gehen, sich der Thematik schrittweise zu nähern. Dazu werden zunächst einige Zahlen vorgestellt. Denn Reisen, eine Freizeitform, mit der viele Menschen ihre „schönste Zeit des Jahres" verbinden, gilt in ökonomischer Sicht – und unter dem wissenschaftlichen Begriff Tourismus – als ein wichtiges Standbein der deutschen Wirtschaft (vgl. DZT 2010; DTV 2010):

- Als Querschnittsbereich verschiedener Branchen hat der Tourismus in Deutschland einen gesamtwirtschaftlichen *Produktionswert* von 185 Milliarden Euro und eine *Wertschöpfung* von 94 Milliarden Euro.
- Damit erzielt der Tourismus einen direkten Anteil von rund 3,2 Prozent am *Bruttoinlandsprodukt* (BIP).
- Erwirtschaftet werden diese Summen vor allem durch *mittelständisch* geprägte Betriebe, wie z.B. die rund 53.000 Unternehmen des Beherbergungsgewerbes.
- Insgesamt bietet der Arbeitsmarkt Tourismus 2,8 Millionen *Beschäftigten* nicht „exportierbare" Arbeitsplätze; allerdings handelt es sich hierbei auch um saisonale Beschäftigung.

Und ungeachtet der gegenwärtigen Wachstumspause im Tourismus, die durch die Finanz- und Wirtschaftskrise bedingt ist und sich in 2009 in einem weltweiten Rückgang der internationalen Ankünfte um rund 4 Prozent zeigte, hat Deutschland seine Stellung als beliebtestes Reise- und Urlaubsziel der Deutschen weiter ausgebaut. So wurde im Inlandstourismus ein Plus von einer Million Übernachtungen gegenüber 2008 verzeichnet. Diese wachsende Binnennachfrage ist derzeit der Stabilisator der deutschen Tourismusbranche und wie sich in Untersuchungen der Deutschen Zentrale für Tourismus zeigt, sind neben den Erholungsregionen an den deutschen Küsten derzeit vor allem die Metropolen mit einem hohen Anteil an *Städte- und Kulturreisen* Nutznießer dieser Entwicklung (ausführlich hierzu DZT 2010, S. 2ff.).

Vor diesem Hintergrund verwundert es nicht, dass Kulturtourismus schon seit geraumer Zeit ein Marktsegment darstellt, das für viele der zahlreichen (kulturellen, politischen, wirtschaftlichen) Akteure auf dem Tourismusmarkt interessant ist. Die anhaltende Bedeutung des Kulturtourismus spiegelt sich u.a. auch in einer fortschreitenden Auseinandersetzung der Forschung hiermit wider (Steinecke 2007; Hausmann 2007 und 2008; Kargermeier/Raab 2010; John et al. 2010; Hausmann/Murzik 2011), im fortlaufenden Interesse der Politik (siehe hierzu z.B. den fraktionsübergreifenden Antrag „Kulturtourismus in Deutschland stärken" im Bundestag, DBT 2010) sowie auch in der Ausrichtung zahlreicher Konferenzen zum Thema (u.a. 2. Viadrina Kulturmanagement Symposium 2009).

Dabei handelt es sich bei diesem Markt keineswegs um ein neues Phänomen. Die Geschichte des Tourismus beginnt vielmehr bei den Pilgerfahrten und „fahrenden Scholaren", die zunächst noch aus primär wirtschaftlichen, politischen oder religiösen Motiven reisten. Doch schon mit dem Aufkommen der so genannten *Grand Tour* des englischen Adels bzw. des gehobenen Bürgertums finden sich Gemeinsamkeiten zum Kulturtourismus in seiner heute bekannten Form. Bildungs- und Erziehungsmotive standen hier im Vordergrund: Die (meist jungen) Reisenden suchten zu diesem Zweck europäische Kunststädte auf und besichtigten dort Baudenkmäler, reisten durch malerische Landschaften, lernten Kultur und Sitten anderer Länder kennen und gaben insgesamt ihrer Bildung den „letzten Schliff". Auch Goethes Italienreise Mitte des 17. Jahrhunderts kann als ein Klassiker der Grand Tour und als Vorläufer des modernen Kulturtourismus gelten. Mit der zunehmenden gesellschaftlichen Partizipation des Bürgertums sowie der Einführung moderner Verkehrsmittel (zunächst Eisenbahn und Dampfschiff, später Flugzeuge) kam es im 18. und 19. Jahrhundert zu einer Vervielfachung der Touristenzahlen bei gleichzeitiger Reduzierung der Aufenthaltsdauer, da den neuen Zielgruppen die zeitlichen und finanziellen Ressourcen fehlten (ausführlich hierzu Steinecke 2007; Bausinger et al. 1999).

5.1 Zahlen, Historie und Begriffsbestimmung

Bereits aus diesem kurzen Abriss zur Historie des Tourismus wird deutlich, dass der Begriff des Kulturtourismus zwar relativ neu ist, das dahinterstehende Phänomen jedoch auf eine lange Tradition zurückblickt. In den seither vergangenen Jahren hat dieser Markt nichts an Attraktivität eingebüßt. Vielmehr im Gegenteil gilt der Kulturtourismus als einer der wichtigen Impulsgeber im Tourismus, dem auch zukünftig anhaltendes Wachstum prognostiziert wird. Anders als für den Tourismus insgesamt lassen sich für den Kulturtourismus allerdings nicht so einfach Zahlen finden, die diese Erfolgsgeschichte empirisch belegen. Ursache hierfür ist nicht zuletzt die Tatsache, dass sich diese Reiseform schlecht von anderen abgrenzen lässt – im weitesten Sinne kann unter Kulturtourismus (fast) jede Reiseform fallen. Dennoch sollen die vorhanden Zahlen zum Thema kurz vorgestellt werden, um einen ersten Eindruck zu vermitteln (u.a. DTV 2006; Steinecke 2008; DB 2010):

- Deutschland verfügt über einen großen kulturellen Reichtum, der sich u.a. zeigt in über 30 UNESCO-Welterbestätten, über 1.000 historischen Stadt- und Ortskernen mit besonderer Denkmalbedeutung, fast 6.000 Museen, über 130 Berufsorchestern, fast 200 thematischen Straßen, Kulturwegen und historischen Routen, rund 30 Festspielen, 340 öffentlichen und privaten Theatern, rund 30 Freizeit- und Erlebnisparks (ab 250.000 Besucher) sowie etwa 12.000 Kultur- und Volksfesten.
- Der durch Städte- und Kulturtourismus jährliche erwirtschaftete Bruttoumsatz in Deutschland liegt bei 82 Milliarden EUR.
- In diesem Zweig des Tourismus arbeiten etwa 1,6 Millionen Menschen.
- Die Deutschen unternehmen pro Jahr rund 80 Millionen Kulturausflüge.
- Deutschland ist in Europa nach Frankreich und vor Spanien und Italien das beliebteste Kulturreiseland.
- Weltweit sehen 62 Prozent der in 34 repräsentativ befragten Nationen des *Anholt-GMI-Nation-Brands-Index 2006* Deutschland als Land mit großem kulturellem Erbe; 63 Prozent bestätigen, dass Deutschland ein reiches architektonisches Erbe hat.
- Für 87 Prozent aller ausländischen Urlaubsgäste zählt der Besuch von Sehenswürdigkeiten zu den wichtigsten Aktivitäten in Deutschland.

Als Erklärung für das anhaltende Wachstum des Geschäftsfelds Kulturtourismus lassen sich verschiedene Ursachen heranziehen (vgl. Abb. 11): So wird die Freizeit seit einigen Jahren als ein immer wichtigerer Bestandteil der Lebensqualität wahrgenommen, den es sinnvoll zu gestalten und mit besonderen Erlebnissen anzureichern gilt. In Abhängigkeit bestimmter Einflussfaktoren (steigendes Bildungs- und Einkommensniveau etc.) gewinnt bei einem Teil der Bevölkerung diesbezüglich gerade auch der kulturelle Bereich an Bedeutung. Auf der Suche nach Orientierung und Identität in einer sich schnell verändernden Gesellschaft wächst die Nachfrage nach authentischen Kulturgütern. Neben der Hochkultur verzeichnet dabei auch die Regional- und Alltagskultur ein vermehrtes Interesse. Ebenfalls förderlich für das kontinuierliche Wachstum im Kulturtourismus sind der allgemeine Trend zu (mehr) Kurzreisen und damit zu Zweit- und Dritturlauben sowie eine gestiegene Mobilität aufgrund schnellerer und günstigerer Verkehrsmittel, wie z.B. den Billigfluglinien. Auch demographische Faktoren spielen eine Rolle: So sind mehr ältere Menschen im Lebensabschnitt nach der Pensionierung gesünder, mobiler und kulturaffiner als in den Generationen zuvor.

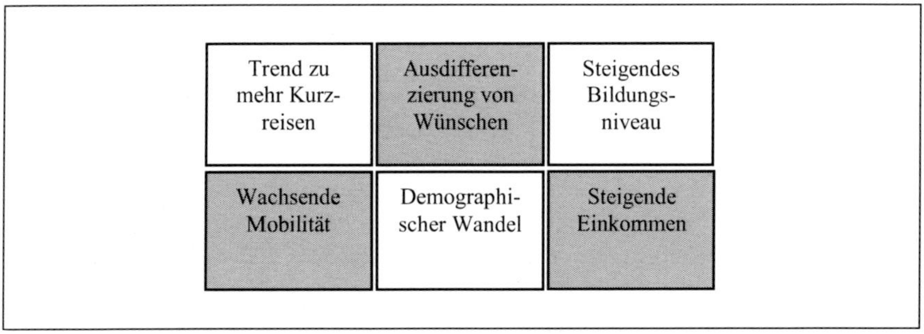

Trend zu mehr Kurzreisen	Ausdifferenzierung von Wünschen	Steigendes Bildungsniveau
Wachsende Mobilität	Demographischer Wandel	Steigende Einkommen

Abb. 11: Gründe für das Wachstum im Kulturtourismus

Wie bereits angesprochen, ist die wissenschaftliche Aufarbeitung des Kulturtourismus in den letzten Jahren vor allem im englisch- aber zunehmend auch im deutschsprachigen Raum vorangetrieben worden. Dabei haben sich verschiedene Autoren bemüht, eine Begriffsabgrenzung vorzunehmen. Neben *nachfrage*orientierten Definitionen finden sich solche, die *angebots*orientiert ausfallen (vgl. zu dieser Diskussion Steinecke 2007). Nicht zuletzt unter Berücksichtigung der im Rahmen des zweiten Kapitels zum Kulturmarketing herausgestellten Bedeutung der Nachfrager, soll die letztgenannte Begriffsauslegung hier keine weitere Berücksichtigung finden – es ist offensichtlich, dass eine angebotsorientierte Sichtweise leicht dazu verführt, Angebote zu kreieren, die (zu) wenig Bezug zum Nachfrager und seinen Bedürfnissen aufweisen. Mögliche nachfrageorientierte Begriffsabgrenzungen sind:

- „The movement of persons to cultural attractions away from their normal place of residence, with the intention to gather new information and experiences to satisfy their cultural needs" (Richards 2001, S.37).

5.1 Zahlen, Historie und Begriffsbestimmung

- „Der Kulturtourismus umfasst alle Reisen von Personen, die ihren Wohnort temporär verlassen, um sich vorrangig über materielle und/oder nichtmaterielle Elemente der Hoch- und Alltagskultur des Zielgebiets zu informieren, sie zu erfahren und/oder zu erleben" (Steinecke 2002, S. 10).
- „Mit Kulturtourismus werden alle Reisen bezeichnet, denen als Reisemotiv schwerpunktmäßig kulturelle Aktivitäten zugrunde liegen" (Dreyer 2000, S. 26).

Unabhängig von der jeweiligen Schwerpunktsetzung in den Definitionen und ihrer Zuspitzung, die bestimmte kulturtouristische Aktivitäten ausgrenzt (so werden keineswegs nur „neue" Erfahrungen und Erlebnisse gesucht; Kultur muss kein Schwerpunkt im Rahmen kulturtouristischer Aktivitäten sein etc.), lassen sich einige Grundmerkmale des Kulturtourismus festhalten: a) Es gibt nachfragerseits ein Interesse daran, Kultur in einem bestimmten Umfang wahrzunehmen, b) dies soll außerhalb des eigenen Wohnorts im Rahmen einer (kürzeren oder längeren) Reise geschehen, c) der Kulturbegriff ist im Kulturtourismus weit gefasst (Hochkultur, Populärkultur, Alltagskultur, Soziokultur). Damit lässt sich die Begriffsverwendung wie folgt konkretisieren (vgl. Hausmann 2006, S. 579):

Definition

Kulturtourismus umfasst alle Reisen und Aktivitäten von außerhalb einer bestimmten Destination lebenden Personen, die entweder ganz oder bis zu einem bestimmten Grad motiviert sind durch das kulturelle Angebot und Profil dieser Destination.

Neben dem Begriff des Kulturtourismus finden sich andere, ähnlich gelagerte und in der Literatur zum Teil synonym, zum Teil in Abgrenzung zueinander verwandte Termini, die im Rahmen dieses Buches dem Kulturtourismus subsumiert werden (vgl. Abb. 12):

- *Städtetourismus*: Tourismus in Städten kann durch unterschiedliche Motive ausgelöst werden. Neben rein kulturbezogenen Aspekten (Besuch von kulturellen Sehenswürdigkeiten, Kulturinstitutionen, Kulturevents), kann das Hauptmotiv bezogen sein auf Shopping, Gastronomie, Wellness oder den Besuch von Verwandten und Freunden. Wenngleich also nicht jeder Städtebesuch (primär) kulturbezogen sein muss, so führen doch die meisten dieser Aufenthalte dazu, dass das Stadtbild sowie Zeugnisse der Geschichte, der Alltagskultur etc. einer Stadt zumindest im Vorbeigehen wahrgenommen werden. Die ersten Adressen im kulturorientierten Städtetourismus sind Berlin, München, Hamburg, Dresden, Köln, Stuttgart und Frankfurt am Main.

- *Thementourismus*: Thementourismus beinhaltet die Vermarktung einer Destination (Stadt, Region, Bundesland etc.) über ein übergeordnetes Thema, das in der Regel aus der Architektur, Kunst, Literatur, Musik oder Philosophie/Religion entnommen wird. Thementourismus impliziert häufig die Etablierung so genannter Ferienstraßen, wie z.b. die *Straße der Romanik* in Sachsen-Anhalt oder die *Route der Industriekultur* im Ruhrgebiet, die thematisch Zusammengehöriges (hier: Bauwerke aus der Zeit des Mittelalters bzw. typische Industriedenkmäler) an unterschiedlichen Standorten durch eine gekennzeichnete Route miteinander verbinden.

- *Pilgertourismus*: Diese Form des Kulturtourismus hat an Bedeutung gewonnen durch den in einigen Teilen der Bevölkerung zunehmenden Wunsch nach Spiritualität, Sinnsuche und Selbstfindung, der u.a. durch Bücher wie „Ich bin dann mal weg" von Hape Kerkeling oder „Auf dem Jakobsweg" von Paulo Coelho befördert wurde. Pilgertouristen erhoffen sich neben spirituellen Erlebnissen durchaus auch weltliche Genüsse, wie z.b. Spaß am Wandern, Abenteuer erleben, neue Kulturen und Menschen kennenlernen. Der Pilgertourismus befindet sich an der Schnittstelle zwischen Kultur- und Naturtourismus.

- *Studienreisen*: Studienreisen sprechen ein gebildetes und in der Regel zahlungskräftiges Publikum mit dem Ziel an, Zeugnisse der klassischen Hochkultur auf höchstem fachkundigem Niveau zu erschließen. Es handelt sich um organisierte Gruppenreisen, die unter einem bestimmten Thema stehen (z.B. kulturelle Höhepunkte Nord- und Südindiens), ein festgelegtes Programm vorhalten und von einem (hoch-)qualifizierten Reiseleiter begleitet werden.

- *Eventtourismus*: Aufgrund des anhaltenden Interesses der Nachfrager an großen, spektakulären Ereignissen ist es in den letzten Jahren zu einem Boom in diesem Tourismussegment gekommen. Events können dabei sowohl kulturbezogen (z.B. Lange Nächte der Museen, Eurovision Song Contest) als auch nicht kulturbezogen (Fußballweltmeisterschaften, Olympia etc.) sein. Kulturevents zielen auf eine gewisse Attraktivität für die breite Masse ab und beinhalten daher meist ein populärkulturorientiertes Verständnis.

- *Sonstiges*: In der Literatur, aber vor allem auch in den bunten Werbebroschüren der touristischen Leistungsträger (Reisebüros etc.) finden sich zahlreiche weitere Begrifflichkeiten wie z.B. Kunsttourismus, Architekturtourismus, Festivaltourismus, Festungstourismus, Denkmaltourismus, Kultur-

5.2 Kulturtouristische Attraktionen und Zielgruppen

erbetourismus, Operntourismus. Auch diese Einzelsegmente werden hier dem Kulturtourismus zugeordnet.

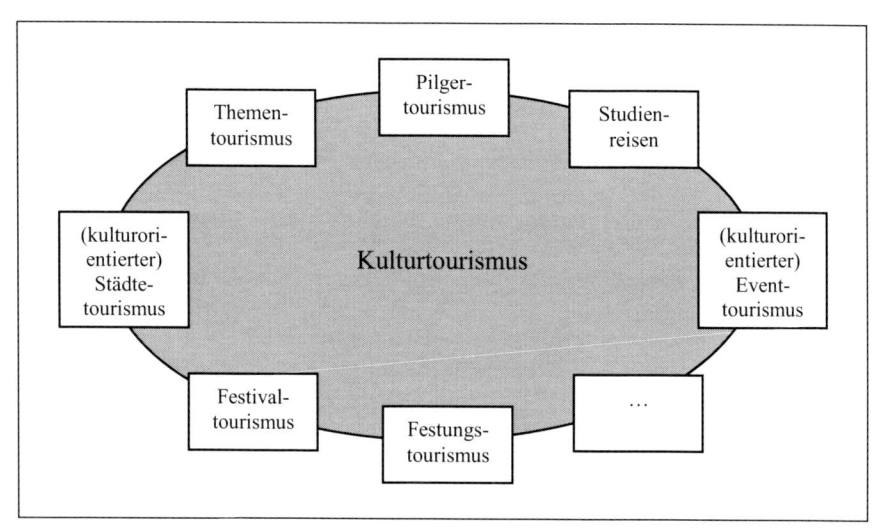

Abb. 12: Spielarten und Nischenmärkte des Kulturtourismus

5.2 Kulturtouristische Attraktionen und Zielgruppen

Es ist in den vorstehenden Ausführungen deutlich geworden, dass der Kulturbegriff im Kulturtourismus weit gefasst ist. Kultur bezieht sich nicht nur auf Angebote der Hochkultur (Theater, Museen, Festspiele etc.), sondern durchdringt jeden Lebensbereich und umfasst z.b. auch die Alltagskultur (Brauchtum, Feste, Handwerk etc.). Das kulturelle Angebot kann dabei bereits vorhanden („originäre/endogene Angebote"), das heißt natürlich gewachsen (z.B. Bauten, Relikte, Brauchtum) oder auch eigens für den Tourismus geschaffen worden sein („derivative/exogene Angebote"), wie z.B. Themenparks oder Freilichtmuseen. Im Einzelnen sind mögliche kulturtouristische Attraktionen (vgl. Hausmann 2007; Steinecke 2007, S. 7ff.):

- Museen und Ausstellungen,
- Opernhäuser, Theater, Orchester und Musicals,
- Festivals und Festspiele,
- Burgen und Schlösser,
- Kirchen, Kloster, Moscheen und Tempel,

- historische Schauplätze (Schlachtfelder, Militäranlagen, Gefängnisse etc.),
- Parks und Gartenanlagen,
- zeitgenössische Architektur,
- Industriekultur (Industrierelikte etc.),
- Alltagskultur (z.B. seit Generationen gepflegter Brauchtum, wie der rheinische Karneval, Fasching oder das Münchner Oktoberfest).

Als weiteres Kernmerkmal der Begriffsabgrenzung spielt die *Motivation* eine Rolle: Aus Sicht des Nachfragers ist Kulturtourismus mit dem Wunsch verbunden, im Urlaub etwas – im engeren oder weiteren Sinne – „Kulturelles" zu erleben. Dieser Wunsch kann sowohl wesentlicher Auslöser für eine Reise sein als auch andere Urlaubsmotive begleiten. Dem Aspekt der Motivation kommt dabei für die Auseinandersetzung mit der Thematik eine besondere Bedeutung zu: Aufgrund der unterschiedlichen Ausprägung und Intensität in der Motivation zu kulturtouristischen Reisen gibt es unterschiedliche *Typen* von Kulturtouristen. In der Literatur und empirischen Forschung werden in der Regel die folgenden drei unterschieden (vgl. McKercher/Du Cros 2002, 135ff.; Richards 2001, 19ff.):

- *Kulturtouristen im engeren Sinne*: Für dieses Segment ist der Besuch von Kultur der Hauptanlass ihrer Reise. In der Regel werden mehrere Kulturangebote – sowohl im Kontext von Studien- und anderen Gruppenreisen als auch von Individualtourismus – miteinander verknüpft. Allerdings ist diese Zielgruppe relativ klein: Der Anteil dieser so genannten „specific cultural tourists" (Irish Tourist Board 1988) beträgt etwa fünf bis zehn Prozent am gesamten Tourismusmarkt (vgl. Dümcke 2002, S. 13; Steinecke 2007, S. 4). Allgemein lässt sich für diese Zielgruppe festhalten, dass sie eher älter und gut gebildet ist sowie über ein höheres Einkommen verfügt (das sie auch bereit ist, im Kultururlaub auszugeben).

- *Kulturtouristen im weiteren Sinne*: Für die so genannten „Gelegenheitskulturtouristen" oder „Auch-Kultururlauber" ist der Hauptreisezweck nicht kulturbezogen, vielmehr werden verschiedene Reiseanlässe miteinander verbunden. Neben dem Erholungsurlaub, dem Besuch von Freunden oder einer Geschäftsreise werden auch Kulturangebote wahrgenommen, Kultur ist also (nur) eine touristische Aktivitätsform unter anderen. In empirischen Untersuchungen machte diese touristische Zielgruppe über drei Viertel der Befragten aus. Anders als das vorab dargestellte Segment ist diese „breite Masse" der Kulturtouristen hinsichtlich Alter, sozialer Schichtzugehörigkeit, Einkommen etc. weit ausdifferenziert. Hierauf sollte in der politischen Diskussion zum Thema, die sich häufig auf die Daten zu den Kulturtouristen i.e.S. bezieht, mehr geachtet werden.

5.2 Kulturtouristische Attraktionen und Zielgruppen

- *Zufallskulturtouristen*: Bei diesen Touristen ist die Nutzung von Kultur und insbesondere der Besuch von Kulturstätten im Vorfeld einer Reise nicht eingeplant worden, sondern erfolgt eher zufällig und kurzfristig. Der Entschluss, ein Kulturangebot wahrzunehmen, begründet sich zum Beispiel auf schlechten Wetterbedingungen und weil andere (Outdoor-)Urlaubsaktivitäten ausscheiden, wie zum Beispiel Wandern oder Wassersport. Allerdings ist diese Einordnung etwas theoretischer Natur, weil wohl (fast) jeder Urlauber in der einen oder anderen Form zumindest mit der Alltagskultur einer Destination in Berührung kommt.

Diese Kategorisierung von Zielgruppen stellt keinen Selbstzweck dar, sondern dient der Ableitung geeigneter Maßnahmen und bestimmt im Weiteren auch das Eingehen von Kooperationen. Grundsätzlich ist zu betonen, dass die Entwicklung und Verwertung kulturtouristischer Leistungen unter Berücksichtigung der Erkenntnisse des Kulturmarketing (Kapitel 2) verläuft. Entsprechend ist zunächst eine *Situationsanalyse* im Hinblick auf die eigenen Ressourcen, mögliche Wettbewerber (die u.U. auch potenzielle Kooperationspartner sein können), die Umweltbedingungen und die potenziellen Zielgruppen durchzuführen. In einem nächsten Schritt sind die *Ziele* festzulegen, die im Rahmen kulturtouristischer Aktivitäten erreicht werden sollen. Als mögliche ökonomische und nicht-ökonomische Ziele lassen sich beispielsweise nennen: Steigerung der Besucherzahlen im Rahmen der Objektverträglichkeit, Erhöhung des Anteils an (über-)regionalen Besuchern, Erhöhung der Tagesausgaben der Besucher, Erhöhung der eigenen Einnahmen, Erhöhung des Bekanntheitsgrades von Kulturstätte und Region, Erhöhung der Kundenbindung bei Nah- und Regionalbesuchern (vgl. Hausmann 2008).

In einem nächsten Schritt werden Maßnahmen aus dem *Marketingmix* ausgewählt, die auf die primär anvisierte kulturtouristische Zielgruppe zugeschnitten sind (vgl. hierzu auch Abb. 13). Während im Rahmen der Leistungspolitik für die Zielgruppe der „Kulturtouristen im engeren Sinne" umfangreiche Leistungsbündel entwickelt werden, die zu entsprechend höheren Preisen angeboten und auch überregional kommuniziert sowie vertrieben werden, geht es hinsichtlich der Ansprache von Zufallskulturtouristen vorrangig darum, durch eine entsprechende Präsenz im Stadtbild, in lokalen Zeitungen etc. auf sich aufmerksam zu machen. Dabei kann hier nicht der zuweilen vertretenen Aussage zugestimmt werden, dass sich eine Ansprache der Zufalls-Kulturtouristen nur „bedingt" lohnt (vgl. MWA 2006). Zwar hängt deren Nachfrage in der Tat vom Zufall ab, aber durch ein überzeugendes Angebot einer Kultureinrichtung kann auch hier ein potenzieller (Wiederholungs-)Besucher und möglicher Weiterempfehler für die

Zukunft gewonnen werden. Des Weiteren sind die in Abb. 20 dargestellten Maßnahmen solche, die auch anderen Zielgruppen zugutekommen.

Zielgruppe	Kulturtouristen i.e.S.	Gelegenheitskulturtouristen	Zufallskulturtouristen
Marketingschwerpunkte	zielgruppenorientierte, umfangreichere Leistungsbündel mit unterschiedlichen Partnern, aber thematisch zusammengehörenden Angeboten; Premiumpreise für besondere Angebote; überregionale Kommunikation und Distribution der Angebote	Präsenz/Sichtbarkeit in der Destination, gute Ausschilderung, Informationen in relevanten Gästeinformationsbroschüren und Reiseführern; Preisdifferenzierung für unterschiedliche Käufersegmente	Präsenz/Sichtbarkeit in der Destination, gute Ausschilderung, Stadtbildpräsenz; Zugänglichkeit; Schnupperangebote zu kleinem Preis

Abb. 13: Marketingschwerpunkte für verschiedene Typen von Kulturtouristen

Praxisbeispiel Marketing für Kulturtouristen

Im Mittelpunkt des Marketing für die Zielgruppe der Kulturtouristen wird häufig die Intensivierung und Professionalisierung von Kommunikationsmaßnahmen stehen, damit die Nutzung der Angebote nicht an einer mangelnden Bekanntheit oder unzureichenden Botschaft scheitert. Sollen die Angebote nun (auch) Kulturtouristen ansprechen, so muss sich die Kommunikationskampagne an diesem Ziel orientieren: So wurden bei der „Caspar David Friedrich"-Ausstellung der *Kunsthalle Hamburg* (Oktober 2006 – Januar 2007) nicht nur Hamburg und sein „Speckgürtel" beworben, sondern ebenfalls ganz explizit die Städte Berlin, Bremen, Dresden, Frankfurt am Main, Hannover, München und Stuttgart. Bei einer Befragung nach der Wirkung der Kommunikationsmaßnahmen gaben 32 Prozent der auswärtigen Besucher an, dass die Berichterstattung in Tages-/Wochen-/Fachzeitungen, im Fernsehen und Radio der entscheidende Anlass des Besuchs der Kunsthalle war (vgl. Kunsthalle Hamburg 2007).

5.3 Erfolgsfaktor „Kooperationen"

Das Eingehen von Kooperationen ist im Kulturbereich eine notwendige Strategie, um trotz knapper Budgets und Ressourcen langfristig im Wettbewerb bestehen zu können. Als geeignete Partner kommen im Kulturtourismus nicht nur andere Kulturinstitutionen in Frage, sondern verschiedene öffentliche Organisationen und private Unternehmen. Mit dem Eingehen von Kooperationen sind diverse Vorteile verbunden; zu den wichtigsten im Zusammenhang mit Kulturtourismus gehören:

- *Aufgabenrealisierung*: Durch eine Bündelung knapper Ressourcen und unterschiedlicher Kompetenzen (Budget, Personal, Know-how etc.) können bestimmte Aufgaben überhaupt erst realisiert werden (Umsetzung gemeinsamer Vermarktungskonzepte, Schaffung einer Online-Plattform etc.).
- *Effizienzgewinne*: Durch die Bündelung von Ressourcen und Kompetenzen lassen sich Spezialisierungsvorteile und Synergieeffekte realisieren, eine Mehrfacharbeit wird vermieden. Dies führt zu Kosteneinsparungen.
- *Erweiterung des Leistungsangebots und Qualitätsverbesserung*: Durch aufeinander abgestimmte Aktionen verschiedener Kooperationspartner kann die Qualität der angebotenen Leistungen insgesamt verbessert und das Leistungsspektrum erweitert (z.B. durch Kombitickets, Regio-Cards etc.) werden. Insgesamt erhöhen sich die Marktchancen für alle Beteiligten.
- *Akquisition von Fördergeldern und Projektmitteln*: Durch Kooperationen mit (über-)regionalen und internationalen Partnern können bestimmte Fördergelder beantragt werden (z.B. Kulturhauptstadtfonds der EU), zu denen ansonsten kein Zugang bestünde. Gleichzeitig wird durch diese Zusammenarbeit die Vernetzung (innerhalb) von Regionen gefördert.
- *Fachlicher Austausch*: Zu diesem Kooperationsziel gehören zum Beispiel die gegenseitige Beratung und der Erfahrungsaustausch in Marketing-, Finanzierungs- und Organisationsfragen.

Es lassen sich drei Optionen beim Eingehen von Kooperationen im Kulturtourismus unterscheiden (vgl. Abb. 14). Die erste und am häufigsten vorzufindende Form der Zusammenarbeit ist die zwischen *gleichartigen Kulturanbietern*. In diesem Fall arbeiten z.B. verschiedene Museen in einer Region zusammen und bieten einen Museumspass an, der zu einem vergünstigten Preis den Eintritt in die beteiligten Häuser ermöglicht, oder organisieren gemeinsame Veranstaltungen. Zwangsläufig bleibt dieses Angebot in seiner Attraktivität beschränkt und wird nur einen Teil der Kulturtouristen ansprechen – und zwar vor allem jene mit hoher intrinsischer Motivation, das heißt Kulturtouristen im engeren Sinne. Gelegenheits- oder Zufallskulturtouristen werden sich von diesem Angebot in der Regel weniger angesprochen fühlen.

Kulturbetriebe des gleichen Typus	Unterschiedliche Typen von Kulturbetrieben	Kulturbetriebe + (nichtkulturelle) Anbieter
Beispiel Museum mit anderem Museum	*Beispiel* Museum mit Schauspiel und/oder Orchester	*Beispiel* Museum mit Hotel, Einzelhandel und/oder Reiseveranstalter
Vorteil einfache Zusammenarbeit	*Vorteil* erhöht den wahrgenommenen Nutzen	*Vorteil* touristische Leistungskette
Zielgruppe Kulturtouristen i.e.S.	*Zielgruppe* Kulturtouristen i.e.S., Gelegenheitskulturtouristen	*Zielgruppe* Kulturtouristen i.e.S., Gelegenheits- und Zufallskulturtouristen

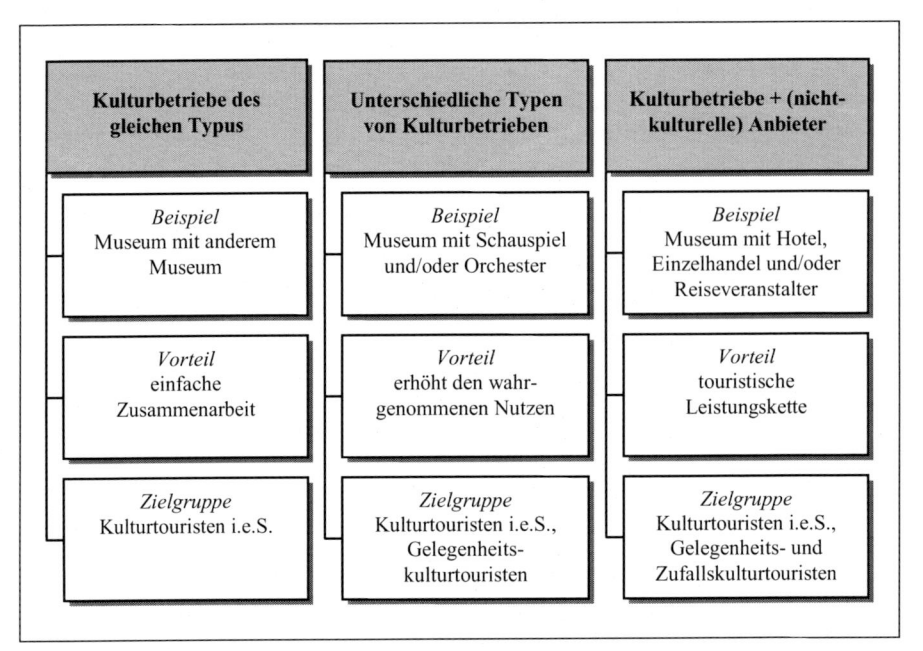

Abb. 14: Kooperationen im Kulturtourismus

Im Rahmen der zweiten Kooperationsform arbeiten Kultureinrichtungen mit *unterschiedlichen thematischen Schwerpunkten* zusammen. So wird zum Beispiel ein Leistungspaket geschnürt, bei dem die Ausstellung eines Museums thematisch reflektiert wird durch ein Konzert oder Theaterstück oder eine andere Kulturveranstaltung (Lesung, Vortrag, Filmvorführung etc.). Dieser Ansatz spricht ein größeres Spektrum von Kulturtouristen an und erhöht ihren wahrgenommenen Nutzen, den sie für die investierte Zeit und das ausgegebene Geld erhalten.

Der dritte Ansatz geht noch weiter: Hier kooperieren Kulturbetriebe mit anderen, in der Regel nicht kulturbezogenen, kommerziell bzw. gewinnorientiert arbeitenden Tourismusakteuren, wie zum Beispiel

- Hotellerie,
- Transport- und Verkehrsbetriebe,
- Reiseveranstalter (Generalisten, Spezialreiseveranstalter),

5.3 Erfolgsfaktor „Kooperationen"

- Reisemittler (Reisebüro, -agenturen etc.),
- Reiseleiter und Gästeführer,
- Medienpartner,
- lokale bzw. regionale Tourismusverbände,
- City Marketing oder
- Einzelhandel.

Durch eine Verknüpfung komplementärer Interessenslagen ansonsten sehr unterschiedlicher Partner kann eine touristische Leistungskette von der Entwicklung bis hin zur Vermarktung und zum Vertrieb entwickelt und die Marktbearbeitung insgesamt professionalisiert werden.

Praxisbeispiel Kooperationen

Im Netzwerk *UNESCO-Welterbestätten Deutschland e.V.* sind alle 33 Welterbestätten in Deutschland und ihre Träger, die Deutsche UNESCO-Kommission, die Deutsche Stiftung Denkmalschutz, die touristischen Organisationen vor Ort sowie die Deutsche Zentrale für Tourismus vertreten. Erklärtes Ziel dieses Zusammenwirkens von Kulturschaffenden, Denkmalschützern und Touristikern ist es, finanzielle Mittel und Know-how aus verschiedenen Bereichen zu bündeln, um die Bekanntheit des Welterbeprogramms und der deutschen Welterbestätten im In- und Ausland zu steigern, die Vertriebsaktivitäten in den touristischen Herkunftsmärkten zu organisieren und einen qualifizierten Tourismus in denkmalverträglichem Ausmaß zu fördern (vgl. Buri 2009, S. 23).

Als zentrales Merkmal für eine erfolgreiche Kooperation im Kulturtourismus gilt, dass beide Partner aus der Zusammenarbeit profitieren, es also zu einer *Win-Win-Partnerschaft* kommt (vgl. Abb. 15). Was zunächst so einleuchtend klingt, bereitet in der Praxis oftmals erhebliche Probleme. Um diese zu verhindern, ist es aus Sicht von Kulturbetrieben empfehlenswert, sich im Vorfeld intensiv damit auseinanderzusetzen, welche Interessen die jeweiligen Partner verfolgen, welche gemeinsamen Ziele tatsächlich erreicht werden können und wer der Partner welche Leistungen zur Zielerreichung einbringen soll. Wie eine solche frühe Bestandsaufnahme aussehen könnte, wird nachfolgend am Beispiel der Zusammenarbeit zwischen öffentlichen Kulturanbietern und kommerziell ausgerichteten touristischen Leistungsträgern verdeutlicht, bei der es in der Praxis häufig zu typischen Schwierigkeiten kommt.

Kultureinrichtungen ⟶ Reputation/Marke, Profil, Kompetenz, Authentizität, Besuchersegmente, attraktiver Veranstaltungs- und Aufenthaltsort etc.

Win-Win-Partnerschaft

Partner (z.B. kommerzielle Tourismusunternehmen)

⟵ Touristisches Know-how, Kontakte, bestehende Integration in lokale Marketingkonzepte, finanzielle Unterstützung, Technologien etc.

Abb. 15: Win-Win-Partnerschaft

Die kommerziellen Tourismusunternehmen haben primär wirtschaftliche Ziele. Sie wollen mehr Umsätze generieren, mehr Besucher anziehen, höhere Gewinne erzielen etc. Zudem bewegen sie sich auf einem sehr wettbewerbsintensiven Markt und sind kontinuierlich auf der Suche nach Möglichkeiten zur Profilierung ihrer Destination und der Schaffung von Alleinstellungsmerkmalen (vgl. Buri 2009, S. 29). Kultur ist in diesem Zusammenhang eine, in den letzten Jahren immer attraktiver gewordene Möglichkeit, um Destinationen zu profilieren und am Markt zu positionieren. Touristische Leistungsträger sind vor diesem Hintergrund daran interessiert, von den Kulturschaffenden und Kultureinrichtungen bestimmte Leistungen (z.b. eindeutiges kulturelles Profil, attraktive und von Kulturtouristen leicht nutz- bzw. konsumierbare Angebote) zu erhalten, die sie zur Erreichung ihrer oben genannten Ziele entsprechend vermarkten können. Im Gegenzug dafür unterstützen sie z.b. mit touristischem Know-how, Kontakten, überregionaler und internationaler Vertriebsarbeit oder bei der Einführung von neuen technischen Lösungen (wie z.b. dem computer-basierten Zeitfenster-Ticketing, dem _computer_ _reservation_ _system_, das für Museen, Burgen oder andere Kulturstätten eine intelligente Besucherlenkung im Rahmen denkmalschutzbegründeter Kapazitätsengpässe ermöglicht).

Neben diesen konkreten Zielsetzungen gibt es weitere Aspekte, die im Rahmen einer Zusammenarbeit mit kommerziell ausgerichteten Tourismusunternehmen berücksichtigt werden sollten. So haben Touristiker andere saisonale Produktionszyklen als viele Kulturschaffende und kulturelle Einrichtungen: 10 bis 18 Monate betragen die für eine touristische Vermarktung erforderlichen Vorläufe – eine kurzfristige Programmplanung oder Erstellung von Serviceange-

5.3 Erfolgsfaktor „Kooperationen"

boten seitens der Kulturanbieter steht diesen Anforderungen der kommerziellen Partner entgegen.

Aber auch im Hinblick auf Arbeitsweise und Professionalität haben Touristiker klare Vorstellungen: Eine frühzeitige Kommunikation von Veranstaltungen mit entsprechend professionell, d.h. zielgruppenadäquat aufbereiteten Servicematerialien (Fotos, Informationstexte etc.), die Vernetzung im Ticketing und die Nutzung überregionaler (Online-)Ticketplattformen (CRS-Systeme), die Bereitstellung von festen Ticketkontingenten für Reiseveranstalter, die Kalkulation von Provisionszahlungen an Reisemittler bei der Preisgestaltung von Kulturangeboten etc. wird als selbstverständlich erwartet. Insgesamt sollen die Kulturangebote über eine hohe Vermarktungsfähigkeit verfügen, Marketing-, Service- und Kundenorientierung sind vertraute Begrifflichkeiten bei kommerziellen Tourismusunternehmen (vgl. Buri 2010).

Nicht alle Kultureinrichtungen sind mit diesen Gepflogenheiten vertraut – oder wollen ihr Angebot so vertreten sehen. Sie sehen den (künstlerischen, wissenschaftlichen) Kern ihrer Arbeit gefährdet und sträuben sich gegen eine (vermeintlich oder tatsächlich) plakative Vermarktung. In solchen Fällen kann es schnell zu einem Aufeinanderprallen der verschiedenen Welten und zu Unzufriedenheit bei den Beteiligten kommen. Wenn sich aber ein Kulturanbieter für die Kooperation entschieden hat und das Know-how der touristischen Leistungsträger zu seinem Vorteil nutzen möchte, so sind zwei Dinge zu beachten: Zum einen ist es wichtig, dass sich der Kulturbetrieb frühzeitig in die Mechanismen und Spielregeln des Tourismusmarktes einarbeitet, um den Partner und die Gesamtzusammenhänge besser zu verstehen. Zum anderen ist es genauso bedeutsam, dass sich die Kultureinrichtung in allen Gesprächsrunden als gleichberechtigter Partner darstellt. Denn die Einbindung des Kulturbetriebs und seiner Angebote darf keinesfalls einer Vermarktung um jeden Preis gleichkommen, eine Mitsprache bei allen (Marketing-)Aktivitäten der Touristiker muss gewährleistet bleiben – der Dialog sollte insgesamt auf „Augenhöhe" stattfinden und ein Verständnis für die Interessenslage der Kulturakteure von den Touristikern eingefordert werden.

Zusammenfassend sind folgende Aspekte für die Realisierung einer erfolgreichen Kooperation hervorzuheben:

- Sorgfältige, d.h. kriteriengeleitete Auswahl geeigneter Partner,
- frühzeitiger Austausch über die gemeinsamen Ziele (inklusive schriftlicher Fixierung),
- Festlegung der Eckpfeiler, wenn nicht sogar konkrete Ausarbeitung eines gemeinsamen touristischen Konzepts (mit Aussagen über Verantwortlichkeiten, Zielgruppen, Strategien, Maßnahmen etc.),

- regelmäßiger Austausch, idealerweise im Rahmen institutionalisierter Treffen,
- Anerkennung der gegenseitigen Stärken, Begegnung unter Gleichberechtigten, Bereitschaft zur Einarbeitung in die Arbeits- und Denkweise des jeweiligen Partners,
- regelmäßige (externe) Evaluation der geleisteten Arbeit, um aus Fehlern zu lernen und kontinuierlich besser zu werden.

5.4 Kulturhauptstädte Europas

Ein in engem Zusammenhang mit Kooperationen stehendes Beispiel sind die *Kulturhauptstädte Europas*, die aufgrund der Tatsache, dass sich in 2010 mit Essen (erneut) eine deutsche Stadt mit dem Titel schmücken durfte, hierzulande viel Beachtung gewonnen haben. Essen als Stadt, die in dem Jahr stellvertretend für das Ruhrgebiet stand, und die *Ruhr.2010 GmbH*, als die Gesellschaft, die für die Gesamtorganisation verantwortlich war, haben gezeigt, dass es nur durch gemeinsame Anstrengungen verschiedener Partner aus Kultur, Öffentlichkeit, Politik, Wirtschaft und Tourismus möglich ist, eine ganze Region mit 52 bekannten und unbekannteren Städten erfolgreich zu vermarkten. Ruhr.2010 kann als ein Erfolgsbeispiel dafür gelten, wie durch strategische Zusammenarbeit auch kleinere Städte vom Wachstumsmarkt Kulturtourismus profitieren können (siehe hierzu u.a. die Aktion „local hero"). Was aber steckt ganz konkret hinter dem Megaprojekt Kulturhauptstadt Europa?

Die Initiative geht zurück auf *Melina Mercouri*, eine bekannte Schauspielerin und Sängerin, die Ende der 1990er Jahre griechische Kulturministerin und Mitglied im Europäischen Parlament war. Primäres Ziel war es von Anfang an, durch die Verleihung dieses Titels einen Beitrag zur europäischen Integration zu leisten: „The European Capitals of Culture (ECOC) initiative, a major European activity, is a way of bringing together people from the European Union and other European countries who are involved in culture. The objective is to highlight the richness and diversity of European cultures and the features they share, as well as to promote greater mutual knowledge and understanding among Europe's citizen." (ECOC 2006, S. 2). Zu diesem Zwecke werden jedes Jahr zwei Kulturhauptstädte auserkoren, eine aus den alten Mitgliedstaaten der EU und eine aus den neuen. Zusätzlich kann eine Stadt aus einem Nicht-Mitgliedstaat der EU benannt werden. In 2010 waren das die Städte Essen (stellvertretend für das gesamte Ruhrgebiet), Pécs (Ungarn) und Istanbul (Türkei).

5.4 Kulturhauptstädte Europas

Zu den wichtigsten Rahmenbedingungen der Initiative Kulturhauptstadt Europa, die sich allerdings punktuell auch immer wieder verändern, gehören (vgl. Wingert-Beckmann 2009, S. 63; CCP 2010a und 2010b):

(a) Rechtsgrundlage und finanzielle Unterstützung

Die Rechtsgrundlage stellt ein Beschluss des Europäischen Parlaments und des Ministerrats aus dem Jahr 1999 dar (Beschluss 1419/1999/EG). In ihm ist festgelegt, in welcher Reihenfolge die Mitgliedstaaten die Kulturhauptstädte Europas stellen. Eine *finanzielle* Unterstützung der Kulturhauptstädte ist über das Programm KULTUR (2007-2013) eingeplant. Gemäß einem Beschluss der verantwortlichen EU-Gremien ist für jede Kulturhauptstadt eine Förderung von 1,5 Millionen EUR vorgesehen, die allerdings für ein besonderes Projekt im Rahmen des geplanten Veranstaltungsprogramms beantragt werden muss (siehe hierzu den Beschluss 1855/2006/EG). Die gemeinschaftliche Beihilfe darf maximal 60 Prozent des Gesamtbudgets für das eingereichte Projekt betragen; Investitionskosten werden nicht bezuschusst. Zusätzlich kann aus den Haushaltsmitteln anderer gemeinschaftlicher Politikbereiche Unterstützung gewährleistet werden, z.B. für die Stadtentwicklung aus den so genannten Strukturfonds der EU (siehe Kapitel 3). Des Weiteren können Kulturveranstalter, die mit europäisch ausgerichteten Kooperationsprojekten an der Kulturhauptstadt mitwirken möchten, weitere Beihilfen aus dem Programm KULTUR (2007-2013) erhalten – sofern sie die Anforderungen erfüllen und über die Kulturhauptstadt keine weiteren EU-Mittel in das Projekt fließen.

(b) Auswahlverfahren und -kriterien

Sechs Jahre vor Beginn eines Kulturhauptstadtjahres wird in einem vorab von allen teilnahmeberechtigten Staaten festgelegten Mitgliedstaat eine Ausschreibung veröffentlicht, auf die sich interessierte Städte bewerben können – so läuft derzeit beispielsweise der Wettbewerb zwischen verschiedenen Städten in Spanien, das im Jahr 2016 neben Polen den Titel Kulturhauptstadt Europa für seine Interessen nutzen kann. Welche Stadt den Titel schließlich tragen darf, wird im Rahmen eines mehrstufigen Auswahlverfahrens ausgelotet. Für das Kulturhauptstadtjahr 2010 wurde in Deutschland zunächst auf Ebene der Bundesländer und damit erstmalig in einem nationalen Wettbewerb bestimmt, welche Stadt sich für die zweite Runde qualifiziert. In 2004 waren dies neben Essen/Ruhrgebiet für Nordrhein-Westfalen weitere neun Städte, darunter Görlitz für Sachsen, Lübeck für Schleswig-Holstein und Braunschweig für Niedersachsen.

In einem nächsten Schritt wurden die Bewerbungen dieser Kandidaten an das Auswärtige Amt und von dort an den Bundesrat weitergeleitet. Der Bundesrat bat in 2005 seinerseits die Kultusministerkonferenz (KMK) der Länder um ein Votum, die wiederum eine nationale Jury mit Experten einberief. Diese wählte unter den zehn Bewerberstädten Essen/Ruhrgebiet sowie das deutsch-polnische Städteduo Görlitz/Zgorzelec aus und gab dieses Votum an die Europäische Kommission weiter.

Auf EU-Ebene sichtete nunmehr eine internationale Jury die aus den Mitgliedstaaten (Deutschland und Ungarn) sowie aus den Nicht-Mitgliedstaaten (Türkei und Ukraine) eingegangenen Bewerbungen. Diese wurden unter Berücksichtigung verschiedener *Kriterien* bewertet, wie z.b. der europäische Mehrwert des geplanten Projekts (etwa durch Zusammenarbeit von Kulturakteuren und Städten mit anderen Mitgliedsstaaten, die Darstellung der kulturellen Vielfalt Europas und der Gemeinsamkeiten europäischer Kulturen), das Entwicklungspotenzial des Kulturhauptstadtprogramms für Stadt und Region, der Beteiligungsgrad der lokalen Bevölkerung sowie die Ansprache von Gästen (siehe hierzu auch § 5 des Beschlusses 1622/2006/EG). Die offizielle Ernennung der in diesem letzten Auswahlschritt schließlich auserkorenen Städte (Essen/Ruhrgebiet, Pésc, Istanbul) erfolgte durch den Ministerrat.

Neben Essen trugen in den vergangenen Jahren bereits zwei andere deutsche Städte den Titel Kulturhauptstadt: West-Berlin (1988) und Weimar (1999). Dies zeigt auch, dass die Initiative – trotz eines häufig immensen Arbeitsaufwands im Bewerbungsprozess, in dem z.T. umfangreiche Konzepte für eine integrierte kulturelle Stadtentwicklung geschrieben werden – für viele Städte und Regionen attraktiv ist. Denn mit einer Bewerbung sind in der Regel hohe Aufmerksamkeits- und Imagewirkungen verbunden. Die gemeinsamen Anstrengungen verschiedener lokaler und regionaler Akteure führen zudem zu einer Stärkung des Identitätsgefühls. Auch die (Vorab-)Investitionen in einen Ausbau der Infrastruktur tragen dazu bei, dass die beteiligten Städte und Regionen aufgewertet und Standortfaktoren gestärkt werden. Darüber hinaus kann die Förderung von regionalen Kooperationen und die Entwicklung von kulturellen Stadtentwicklungsprozessen bewirken, dass nachhaltige Strukturen geschaffen werden sowie insgesamt die Bedeutung von Kunst und Kultur als integraler Bestandteil des Lebens in einer Stadt gesteigert wird.

Selbst für jene Städte, die es nicht bis in die Endstufe des Verfahrens geschafft haben, lohnt sich meist die Mühe einer Teilnahme: „Dieser langwierige Auswahlprozess initiierte in allen beteiligten Städten kulturpolitische Debatten um die lokalen und regionalen Stärken und Schwächen. Es entstanden ambitionierte Konzepte und Projektideen mit Entwicklungspotenzial, die vielfach bis heute Wirkung zeigen und teilweise sogar umgesetzt wurden – auch ohne den Titel ‚Kulturhauptstadt'" (Wingert-Beckmann 2009, S. 63).

Praxisbeispiel Kulturhauptstadt

Nach einem umkämpften nationalen Wettbewerb wurde Essen (stellvertretend für das Ruhrgebiet) im April 2006 von den EU-Gremien als Kulturhauptstadt Europa für das Jahr 2010 ausgewählt. Was waren die ausschlaggebenden Gründe für diese Entscheidung? Im Vordergrund stand neben dem Metropolgedanken – das Ruhrgebiet als kulturelles „Europa im Kleinen" – die Möglichkeit zur Identitätsveränderung der von Stahl und Kohle geprägten Region: „The central idea of the concept was to regenerate through culture the vast space devoted to and despoiled by industrial development and to create a metropolis – the Ruhr metropolis – resulting from bringing together the smaller cities of the region. To win the title of the European Capital of Culture would help the region in its quest for a new identity through a unity – a unity not imposed from above but achieved from its roots – 'bottom up' – with culture as the driving force" (ECOC, S. 8).

Vor diesem Hintergrund wurde auch das Motto für Essen bzw. Ruhr.2010 festgelegt: „Wandel durch Kultur, Kultur durch Wandel". Dabei war es erklärtes Ziel, den Kulturbegriff möglichst weit zu fassen: Im Fokus standen neben dem traditionellen (bürgerlichen) Publikum v.a. auch jene, die der Kultur bislang eher fern blieben (vgl. Scheytt/Beier 2009, S. 42ff.). Exponierte und erfolgreiche Projekte, wie z.B. das „Still-Leben Ruhrschnellweg", bei dem zwischen Duisburg und Dortmund mit der A40 eine der meist befahrenen Autobahnen zeitweise still gelegt wurde und Menschen an einer 60 km langen Tafel zu einem Fest der Generationen und Kulturen zusammen kamen, illustrieren diese Intention, möglichst vielen Menschen *kulturelle Teilhabe* zu ermöglichen.

Insgesamt wurden für das offizielle Kulturhauptstadtprogramm rund 300 Projekte entwickelt – darunter auch 100 TWINS-Projekte, d.h. Projekte in denen die Ruhrstädte mit europäischen und internationalen Partnern zusammengearbeitet haben. Das Programm orientierte sich an drei *Leitthemen* (Mythos, Metropole, Europa) und sechs *Themenfeldern* (Bilder, Theater, Musik, Sprache, Kreativwirtschaft und Feste), in denen übergeordnet Europa der Wandel des Ruhrgebiets erzählt werden sollte.

Mit der Stadt Essen, dem Regionalverband Rhein-Ruhr (RVR), dem Land Nordrhein-Westfalen und dem Initiativkreis Ruhr wurden von Anfang an wichtige politische und wirtschaftliche Entscheidungsträger durch die Aufnahme als Gesellschafter der Ruhr.2010 GmbH in das Projekt eingebunden. Aber nicht nur die möglichst enge Zusammenarbeit der unterschiedlichen Akteure spielt eine Rolle im Hinblick auf den Erfolg. Letztlich entscheidet immer auch das Budget über die

Durchschlagkraft eines solchen Großprojektes. Im Falle von Ruhr.2010 standen im Zeitraum 2007-2011 rund 80 Millionen EUR aus öffentlicher Hand (u.a. Zuschüsse der Gesellschafter, EU-Mittel), von privaten Geldgebern (Spenden, Sponsoring) sowie aus der Generierung eigener Einnahmen (z.b. über Ticketverkäufe, Merchandising) zur Verfügung.

5.5 Potenziale und Risiken im Kulturtourismus

Es ist voranstehend bereits verschiedentlich eingeflossen, welche Auswirkungen mit der Entfaltung kulturtouristischer Aktivitäten verbunden sein können. Nachfolgend sollen diese noch einmal zusammengefasst und schlaglichtartig beleuchtet werden (vgl. Hausmann 2008, S. 2ff.; Steinecke 2007, S. 15ff.):

(a) Ökonomische Effekte

Kultureinrichtungen können durch attraktive touristische Angebote und professionelle Vermarktung einen Zuwachs an Besuchern erzielen und auf diese Weise die eigenen Einnahmen erhöhen. Die zusätzlich generierten Finanzmittel können z.b. auch für notwendige konservatorische Tätigkeiten verwendet werden – ein nützliches Argument für jeden Kulturmanager im Verständigungsprozess mit den häufig dem Kulturtourismus kritisch gegenüberstehenden Denkmalschützern und wissenschaftlichen Mitarbeitern einer Einrichtung. Heinz Buri, Marketingdirektor der Stiftung Preußische Schlösser und Gärten Berlin-Brandenburg bringt es wie folgt auf den Punkt: „Denkmalpflege *kostet* Geld, Tourismus *bringt* Geld" (Buri 2010).

Von der Steigerung des Anteils auswärtiger Besucher in einer Kulturstätte kann zudem der gesamte Standort profitieren: Über die so genannten *Multiplikatoreffekte*, d.h. die wirtschaftlichen Auswirkungen auf vor- oder nachgelagerte Wirtschaftszweige durch den zusätzlichen Konsum der (häufig ausgabefreudigeren) Kulturtouristen können auch andere Kultur- und Freizeitunternehmen, der Einzelhandel, das Gastgewerbe und sonstige Dienstleister (Transportunternehmen etc.) sowie jene Unternehmen, die als Zulieferer für die kulturellen und touristischen Betriebe agieren (Grafikdesigner, Druckereien, Stadtführer etc.), Nutznießer der Markterschließung sein.

5.5 Potenziale und Risiken im Kulturtourismus

(b) Infrastruktureffekte

Der Kulturtourismus kann die Entstehung und den Erhalt wichtiger Infrastrukturen begünstigen, wie z.b. Verkehrswege, Kongress- und Übernachtungseinrichtungen, zusätzliche Kultur- und Freizeiteinrichtungen. Dies ist insbesondere dann der Fall, wenn eine eher wirtschaftsschwache Region durch entsprechende Fördergelder (z.B. EU) überfällige Investitionsmaßnahmen durchführen kann, die zwar in erster Linie zur Erschließung des Markts für Kulturtourismus dienen, aber naturgemäß auch der Bevölkerung vor Ort zugutekommen und insgesamt die Standortfaktoren einer Destination stärken (Verbesserung des Freizeit- und Wohnwertes, ggf. sogar höhere Attraktivität für Unternehmensansiedlungen). So hat z.b. das Land NRW im Zuge der Bewerbung von Essen als Kulturhauptstadt 2010 rund 120 Millionen EUR (davon 50 Millionen als EU-Mittel) in die Infrastruktur des Ruhrgebiets investiert.

(c) Imageeffekte

Mit der Entfaltung kulturtouristischer Aktivitäten kann der Bekanntheitsgrad einer Destination und ihrer kulturellen Einrichtungen gesteigert und das Image verbessert oder verändert werden. Auch in diesem Zusammenhang ist die Kulturhauptstadt Essen, die seit ihrer Ernennung als pars pro toto für das Ruhrgebiet und seinen Strukturwandel steht, ein geeignetes Beispiel. Hier war es das große Ziel, eine gesamte Region vom vorherrschenden (aber nicht mehr zeitgemäßen) Bergbau- und Kohlerevierimage zu lösen und stattdessen mit dem Image einer pulsierenden Kulturmetropole zu versehen.

(d) Beschäftigungseffekte

Durch den Kulturtourismus können zusätzliche Arbeitsplätze geschaffen werden, zum einen bei den kulturtouristischen Leistungsträgern und zum anderen bei den beteiligten Zulieferern. So zeigte sich in einer Untersuchung zu den wirtschaftlichen Potenzialen der *Kulturstiftung Dessau-Wörlitz*, dass dieses Weltkulturerbe einen nicht zu unterschätzenden Wirtschafts- und Standortfaktor sowohl für die Region Dessau/Zerbst/Wittenberg als auch für das Bundesland Sachsen-Anhalt darstellt (vgl. MWA 2002, S. 33ff.). Das Gartenreich ist regionalwirtschaftlich betrachtet ein bedeutendes beschäftigungssicherndes Projekt, von dem hohe Primärimpulse (Ausgaben für den laufenden Betrieb, Löhne etc.) ausgehen und von dem über die Wertschöpfungs- bzw. Beschäftigungseffekte zahlreiche Branchen (v.a. das Hotel- und Gaststättengewerbe, der Handel und die Nahrungs- und Genussmittelindustrie) profitieren.

(e) Ausgleichsfunktion

In ökonomisch schwächeren Regionen kann der Kulturtourismus durch die Inwertsetzung des kulturellen Erbes und durch bestimmte Transferleistungen zu einer Verringerung des wirtschaftlichen Ungleichgewichts zwischen Zentren und Randregionen beitragen. Hierzu geeignete Maßnahmen sind z.b. die Einrichtung von Themenstraßen, wie etwa die *Straße der Romanik* in Sachsen-Anhalt. Die Straße verbindet Dome, Burgen, Klöster und Kirchen, die vom 10. bis Mitte des 13. Jahrhunderts entstanden sind. Die Gesamtlänge der Strecke beträgt rund 1200 Kilometer. An ihr liegen 80 romanische Objekte in 65 Orten, die Landeshauptstadt Magdeburg ist einer davon.

Das antizyklische Reiseverhalten vieler Kulturtouristen, die häufiger als andere Zielgruppen außerhalb der Ferienzeit unterwegs sind und oftmals flexibler in ihrer Zeitgestaltung sind, kann zudem zu einer Entzerrung bzw. Verlängerung der Saison und damit zu einer besseren Auslastung bei den beteiligten Leistungsträgern (bei der Kultureinrichtung selbst, aber auch z.b. bei der Hotellerie) führen.

(f) Legitimationsfunktion

Die Bearbeitung des kulturtouristischen Marktes und die erfolgreiche Etablierung kann ein wesentliches Entscheidungskriterium für die Kultur- und Wirtschaftspolitik im Hinblick auf die (zusätzliche) Förderung bzw. Verteilung von Ressourcen darstellen (vgl. Dümcke 2002, 8; Hedorfer 2009, S. 23). Zu betonen ist in diesem Zusammenhang das anhaltend hohe Interesse der Politik an diesem Thema, das nicht zuletzt auch darin zum Ausdruck kommt, dass sich Ende 2010 sowohl die Bundestagsfraktion der CDU/CSU und der FDP mit einem Antrag („Kulturtourismus in Deutschland stärken") als auch die der SPD („Potenziale von Kultur und Tourismus nutzen – Kulturtourismus gezielt fördern") eingebracht haben. In den Anträgen wird auf die Arbeit der Enquete-Kommission des Deutschen Bundestags „Kultur in Deutschland" (vgl. Kapitel 1) Bezug genommen und es werden deren Vorschläge für eine bessere Zusammenarbeit von Kultur und Tourismus aufgegriffen (mehr Informationen hierzu sind unter http://www.bundestag.de/dokumente/textarchiv/2010/28693255_kw08_sp_kultu rtourismus/index.html zu erhalten).

Neben diesen positiven Auswirkungen können mit der Entfaltung kulturtouristischer Aktivitäten allerdings auch Risiken verbunden sein, so dass eine umfassende *Marktanalyse* und *Kosten-Nutzen-Abwägung* im Vorfeld unabdingbar ist. Der Markt für Kulturtourismus ist wettbewerbsintensiv und durch den Eintritt neuer Konkurrenten können zusätzliche Investitionen in die Infrastruktur einer Kultureinrichtung (z.b. Einführung eines CRS-Besucherlenkungssystems durch

5.5 Potenziale und Risiken im Kulturtourismus

Zeitkartenverkäufe, neue Laufwege auf einer Anlage etc.) erforderlich werden. Zudem ist das Qualitäts- und Anspruchsdenken vieler Kulturtouristen ausgeprägt, was zu weiteren Kosten (Mitarbeiterqualifizierung, Kapazitätserweiterung etc.) führen kann. In diesem Zusammenhang ist auch darauf hinzuweisen, dass die Kulturakteure ihre touristischen Zielgruppen genau kennen müssen. Hierzu erforderlich ist eine regelmäßige Besucherforschung, in deren Rahmen wichtige Hinweise zu Herkunft der Touristen, Bewegungsprofilen innerhalb einer Destination, Informations- und Buchungsverhalten, Kundenzufriedenheit und Servicequalität gewonnen werden.

Zudem müssen die ökologischen und soziokulturellen Wirkungen des Kulturtourismus auf die beteiligten Einrichtungen und die Destination im Ganzen berücksichtigt werden. Eine touristische „Übernutzung" durch schwer lenk- und kontrollierbare Besucherströme, wodurch Objekte oder Stätten materiellen Schaden nehmen können (wie z.b. die Pyramiden im ägyptischen Gizeh durch die ständigen Berührungen und die Transpiration der Besucher), ist genauso kritisch zu prüfen wie eine „Musealisierung" von Traditionen und Brauchtum oder ein „Zu-Markte-Tragen" bzw. eine Popularisierung von Kultur durch dramatisierende Effekte à la Disneyland und vermeintlich benutzerfreundliche, aber letztlich kontextlose kulturelle „Appetithäppchen" (Beispiele hierfür finden sich u.a. bei Bendixen 2006, S. 325ff. sowie McKercher/DuCros 2002, S. 100ff.). Trotz aller Notwendigkeit von Serviceorientierung und Kundennähe müssen Integrität und Authentizität der kulturellen Zeugnisse gewahrt bleiben, das Schlagwort der „sustainability" (Nachhaltigkeit) hat in diesem Zusammenhang auch im Kulturtourismus an Bedeutung gewonnen.

Schlussendlich gibt es Kultureinrichtungen und Kulturangebote, die sich nicht so ohne weiteres touristisch vermarkten lassen, z.B. weil sie keine überregionale Reichweite und Attraktivität besitzen oder die Standortbedingungen eine touristische Vermarktung nicht fördern. Abbildung 16 fasst die obigen Ausführungen abschließend in einer Übersicht zusammen.

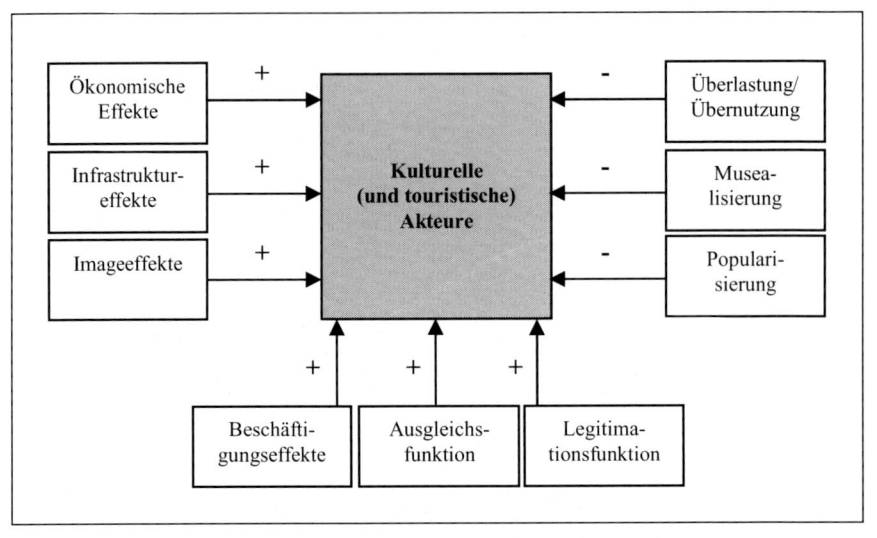

Abb. 16: Positive und negative Wirkungskräfte im Kulturtourismus

6 Literatur

Ansoff, H. Igor (1966): Management Strategies, München.
Armstrong, Gary/Kotler, Philip/Harker, Michael/Brennan, Ross (2009): Marketing. An Introduction, London.
Assmann, Aleida (2008): Einführung in die Kulturwissenschaft, 2. Aufl., Berlin.
Baecker, Dirk (2000): Wozu Kultur? Berlin.
Bausinger, Hermann/Beyerer, Klaus/Korff, Gottfried (1999): Reisekultur. Von der Pilgerfahrt zum modernen Tourismus, München.
Bendixen, Peter (2006): Einführung in das Kultur- und Kunstmanagement, 3. Aufl., Wiesbaden.
Börner, Sabine (2002): Führungsverhalten und Führungserfolg. Beitrag zu einer Theorie der Führung am Beispiel des Musiktheaters, Wiesbaden.
Börner, Sabine/Streit, Christian F. von (2006): Teamgeist im Orchester: Das Zusammenspiel zwischen Flow und Führung, in: Musicae Scientiae, Vol. X, Nr. 2, S. 254-263.
Bruhn, Manfred (2010): Sponsoring, 5. Aufl., Wiesbaden.
Bundesverband Deutscher Stiftungen (BDV) (Hrsg.) (2001): Zahlen, Daten, Fakten zum deutschen Stiftungswesen, Darmstadt.
Buri, Heinz (2009): Kultur und Tourismus – zwei notorische Lieblingsfeinde? Über das Verhältnis von Kulturschaffenden und Touristikern, in: Politik und Kultur, Mai/Juni, Nr. 03/09, S. 22-23.
Buri, Heinz (2011): Kulturelle Einrichtungen als kulturtouristische Akteure, in: Hausmann, Andrea/Murzik, Laura (Hrsg.): Neue Impulse im Kulturtourismus, Wiesbaden.
Butzer-Strothmann, Kristin/Günter, Bernd/Degen, Horst (2001): Leitfaden für Besucherbefragungen durch Theater und Orchester, Baden-Baden.
Byrnes, William J. (2009): Human Resources and the Arts, 4th ed., Burlington/MA.
Colbert, Francois (2007): Marketing Culture and the Arts, 3rd ed., Montreal.
Cultural Contact Point (CCP) (2010a): Kulturhauptstädte Europas, veröffentlicht unter www.ccp-deutschland.de/319.html, Stand November 2010.
Cultural Contact Point (CCP) (2010b): Kulturhauptstadt Europa, veröffentlicht unter www.ccp-deutschland.de/kulturhauptstadt-europas0.html#c1567, Stand November 2010.
Dangel, Caroline/Piorkowsky, Michael-Burkhard (2006): Selbständige Künstlerinnen und Künstler in Deutschland, Berlin.
Deutscher Bundestag (DBT) (2010): Antrag Kulturtourismus in Deutschland stärken, verfügbar unter http://dipbt.bundestag.de/dip21/btd/17/006/1700676.pdf, (Stand Oktober 2010).
Deutscher Bühnenverein (DBV) (2010): Theaterstatistik 2008/2009 Summentabellen, verfügbar unter: http://www.buehnenverein.de/de/publikationen-und-statistiken/statistiken/theaterstatistik.html, Stand November 2010.

Deutscher Kulturrat (2010): Ermäßigter Umsatzsteuersatz für die Kultur in Gefahr, verfügbar unter: http://www.kulturrat.de/detail.php?detail=1861&rubrik=2, Stand November 2010).

Deutscher Orchesterverband (DOV) (2009): Thesenpapier zu Konfliktmanagement, Kommunikation, Personal-/Organisationsentwicklung in Orchestern, Empfehlung des Gesamtvorstands der DOV, Beschluss vom 30. März 2009, Berlin.

Deutscher Tourismusverband (DTV) (2010): Tourismus in Deutschland 2009. Zahlen, Daten, Fakten, Bonn.

Deutscher Tourismusverband (DTV) (2006): Städte- und Kulturtourismus in Deutschland. Kurzfassung, verfügbar unter http://www.deutschertourismusverband.de/content/files/staedtestudie_kurzfassung.pdf, (Stand Oktober 2010).

Deutsche Zentrale für Tourismus (DZT) (2010): Jahresbericht 2009, verfügbar unter http://www.deutschland-tourismus.de/pdf/DZT_JB_2009_deutsch.pdf, (Stand Oktober 2010).

Dickman, Sharron (1997): Arts Marketing. The Pocket Guide, Kew.

Diesselhorst, Sophie (2006): Intendanten machen ganz großes Theater, TAZ vom 4. April 2006, verfügbar unter: http://www.taz.de/1/archiv/archiv/?dig=2006/04/04/a0206 (Stand: Juli 2010).

DiMaggio, Paul (1987): Managers of the Arts, Research Division Report #2, National Endowment for the Arts, Santa Ana, Ca.

Dreyer, Axel (2000): Der Markt für Kulturtourismus, in: Dreyer, Axel (Hrsg.): Kulturtourismus, München.

Drucker, Peter F. (2007): The Practice of Management, Oxford.

Drucker, Peter F. (1973): Management – Tasks, Responsibilities, Practices, London.

Duda, A./Hausmann, A. (2004): Professionelles Management als Erfolgsfaktor im Kultursponsoring: eine empirische Studie, in: Stiftung & Sponsoring, Heft 5, S. 34-37.

Dümcke, Cornelia (2002): Kultur und Tourismus in den neuen Ländern: eine Untersuchung am Beispiel der kulturellen Leuchttürme und Gedächtnisorte, Berlin.

ECOC (2006): Report of the Selection Meeting for the European Capitals of Culture 2010, verfügbar unter: http://www.ecoc-doc-athens.eu/ruhr-home/the-organisation.html (Stand Juni 2010).

Enquete-Kommission (EK) (2007): Schlussbericht der Enquete-Kommission „Kultur in Deutschland", Berlin.

Fischer, Walter B. (2004): Kunst vor Management. Führung und Förderung von Kulturinstitutionen, Zürich.

Fleisch, Hans (2009): Kulturstiftungen gewinnen an Bedeutung. Zahlen und Fakten zur deutschen Stiftungslandschaft, in: politik und kultur, Jan.-Febr. 2009, S.4.

Freeman, Edward R. (1984): Strategic Management, Boston.

Glogner, Patrick/Föhl, Patrick S. (2009): Das Kulturpublikum, Fragestellungen und Befunde der empirischen Forschung, Wiesbaden.

Gerlach-March, Rita (2010): Kulturfinanzierung, Reihe Kunst- und Kulturmanagement, Wiesbaden.

Günter, Bernd/Hausmann, Andrea (2009): Kulturmarketing, Reihe Kunst- und Kulturmanagement, Wiesbaden.

6 Literatur

Günter, Bernd (2006): Besucherforschung im Kulturbereich. Kritische Anmerkungen und Anregungen, in: Kulturpolitische Gesellschaft (Hrsg.): publikum.macht.kultur. Dokumentation des Dritten Kulturpolitischen Kongresses Berlin 2005, Bonn, S. 174-180.

Günter, Bernd/John, Hartmut (Hrsg.) (2000): Besucher zu Stammgästen machen! Neue und kreative Wege zur Besucherbindung, Bielefeld.

Günter, Bernd (1998): Besucherorientierung – eine Herausforderung für Museen und Ausstellungen, in: Scheer, Marita Anna (Hrsg.): (Umwelt)-Ausstellungen und ihre Wirkung, Schriftenreihe des Staatlichen Museums für Naturkunde- u. Vorgeschichte, Heft 7, Oldenburg, S. 51-55.

Haibach, Marita (2008): Fundraising – Definitionen, Abgrenzung und Einordnung, in: Fundraising Akademie (Hrsg.): Fundraising, 4. Aufl., Wiesbaden.

Haibach, Marita (2002): Handbuch Fundraising. Spenden, Sponsoring, Stiftungen in der Praxis, Frankfurt/Main.

Hansen, Klaus P. (2003): Kultur und Kulturwissenschaft, 3. Aufl., Tübingen.

Hausmann, Andrea/Murzik, Laura (2011) (Hrsg.): Neue Impulse im Kulturtourismus, Wiesbaden.

Hausmann, Andrea/Körner, Jana (2009) (Hrsg.): Demografischer Wandel und Kultur, Veränderungen im Kulturangebot und der Kulturnachfrag, Wiesbaden.

Hausmann, Andrea (2008): Das Marktsegment Kulturtourismus – Handlungsstrategien für Museen, in: Loock, Friedrich/Scheytt, Oliver (Hrsg.): Kulturmanagement und Kulturbetriebe, Berlin, H 2.5, S. 1-18.

Hausmann, Andrea (2007): Cultural Tourism: Marketing Challenges and Opportunities for German Cultural Heritage, in: International Journal of Heritage Studies, Vol. 13, No. 2, S. 171-185.

Hausmann, Andrea (2006): Mit Kulturtourismus aus der Krise? Implikationen des Marketing für Kulturstätten in den Neuen Bundesländern, in: Tourismus Journal – Zeitschrift für tourismuswissenschaftliche Forschung und Praxis, Heft 4, 2006, Bd. 8, S. 575-591.

Hausmann, Andrea (2005): Theatermarketing, Grundlagen, Methoden und Praxisbeispiele, Stuttgart.

Hausmann, Andrea (2001): Besucherorientierung durch den Einsatz von Benchmarking, Bielefeld.

Hedorfer, Petra (2009): Liebesheirat oder Zwangsehe? Kultur und Tourismus, in: politik und kultur, Mai/Juni, Nr. 03/09, S. 23-24.

Heinrichs, Werner (2006): Der Kulturbetrieb. Bildende Kunst, Musik, Literatur, Theater, Film, Bielefeld.

Heinrichs, Werner (1997): Kulturpolitik und Kulturfinanzierung, München.

Heinze, Dirk (2010): Verantwortung für eine gute Ausbildung, in: Kulturmanagement Magazin, Nr. 45, Juli 2010, S. 12-14

Heinze, Thomas (2009): Kultursponsoring, Museumsmarketing, Kulturtourismus, 4. Aufl., Wiesbaden.

Höhne, Steffen (2009): Kunst- und Kulturmanagement, Paderborn.

Hoffmann, Hilmar (1979): Kultur für alle, Köln.

Homburg, Christian/Krohmer, Harley (2009): Marketingmanagement, 2. Aufl., Wiesbaden.

John, Hartmut/Schild, Hans-Helmut/Hieke, Katrin (2010) (Hrsg.): Museen und Tourismus, Bielefeld.
Jung, Hans (2008): Personalwirtschaft, 8. Aufl., München.
Kagermeier, Andreas /Raab, Fanny (2010) (Hrsg.): Wettbewerbsvorteil Kulturtourismus: Innovative Strategie und Produkte, Berlin.
Klassik Stiftung Weimar (KSW) (2010): Jahresbericht 2009, verfügbar unter http://www. klassik-stiftung.de/uploads/tx_lombkswmargcontent/Jahresbericht_2009.pdf, (Stand Oktober 2010).
Klein, Armin (2009a) (Hrsg.): Gesucht: Kulturmanager, Wiesbaden.
Klein, Armin (2009b): Leadership im Kulturbetrieb, Wiesbaden.
Klein, Armin (2008): Der exzellente Kulturbetrieb, 2. Aufl., Wiesbaden.
Klein, Armin (2005): Kultur-Marketing, 2. Aufl., München.
Kotler, Neil G./Kotler, Philip/Kotler, Wendy I. (2008): Museum Marketing and Strategy, 2. Aufl., San Francisco.
Kulturmanagement Magazin (KM) (2008): Die Grenzen des Machbaren austesten. Interview mit Natalie Schwarz, Marketingleiterin bei den Berliner Philharmonikern, Nr. 21, Juli, S. 33-35.
Kulturpolitische Gesellschaft (1998): Programm der Kulturpolitischen Gesellschaft, verfügbar unter: http://www.kupoge.de/dok/programm_kupoge.pdf, Stand November 2010.
Kunsthalle Bremen (2008): Paula in Bremen. Highlights einer Ausstellungskampagne, Bremen.
Kunsthalle Hamburg (2007): Kultur als Wirtschafts- und Imagefaktor: Die Caspar-David-Friedrich- Ausstellung in Hamburg, Hamburg.
Leschig, G. (2005): Mythos Sponsoring. Kultursponsoring: Finanzierungsinstrument der Zukunft?, Düsseldorf.
Lissek-Schütz, Ellen (1998): Die Kunst des Werbens um Gunst und Geld. Fundraising als Marketingstrategie auch für Kulturinstitutionen, in: Bendixen, Peter (Hrsg.): Handbuch Kultur-Management, Berlin: Raabe, D 4.2, S. 1-28.
Lüddemann, Stefan (2010): Kultur. Eine Einführung, Reihe Kunst- und Kulturmanagement, Wiesbaden.
Mächtel, Alexandra (2009): Fremd. Interkulturalität im Orchester, in: Das Orchester, Heft 3, S. 10-12.
Mandel, Birgit (2008): Kulturmanagement, Audience Development, kulturelle Bildung: Konzeptionen und Handlungsfelder der Kulturvermittlung, Bielefeld.
Malik, Fredmund (2007): Management: Das A und O des Handwerks, Frankfurt/Main.
Malik, Fredmund (2006): Führen Leisten Leben: Wirksames Management für eine neue Zeit, Frankfurt am Main.
McKercher, Bob/DuCros, Hilary (2002): Cultural Tourism, London.
Meffert, Heribert/Burmann, Christoph/Kirchgeorg, Manfred (2008): Marketing. Grundlagen marktorientierter Unternehmensführung, 10. Aufl., Wiesbaden.
Meffert, Heribert/Bruhn, Manfred (2006): Dienstleistungsmarketing, 5. Aufl., Wiesbaden.
Mejias, Jordan (2008): Das erste kulturelle Opfer der Krise, in: Frankfurter Allgemeine Zeitung vom 9. November 2008.

6 Literatur

Menden, Alexander (2010): Die Kunst und das Öl, in: Süddeutsche Zeitung vom 1. Juli 2010.

Mertens, Gerald (2010): Orchestermanagement, Reihe Kunst- und Kulturmanagement, Wiesbaden.

Meyn, Andreas/Richter, Christian/Koss, Claus (2009): Die Stiftung, 2. Aufl., Freiburg.

Ministerium für Wirtschaft und Arbeit des Landes Sachsen-Anhalt (MWA) (Hrsg.) (2006): Handbuch Kulturtourismus in Sachsen-Anhalt, Magdeburg.

Ministerium für Wirtschaft und Arbeit des Landes Sachsen-Anhalt (MWA) (2005): Kulturelle Leuchttürme in Sachsen-Anhalt. Potenziale einer kulturtouristischen Vermarktung, Tourismus-Studien Sachsen-Anhalt Nr. 17, Calbe.

Mintzberg, Henry (2010): Managen, Offenbach.

Molnar, Laszlo (2007): Das Ende war abzusehen, verfügbar unter: http://www.klassikinfo.de/Houekstra-Entlassung.172.0.html, Stand November 2010.

Musgrave, Robert A. (1959): The Theory of Public Finance, New York.

Nellen, Dieter (2009): Masterplan „Kulturmetropole Ruhr 2010-2020, in: Kulturpolitische Mitteilungen, Nr. 127, S. 48-50.

Nünning, Ansgar (Hrsg.) (2005): Grundbegriffe der Kulturtheorie und Kulturwissenschaften, Stuttgart.

Olfert, Klaus (2008): Personalwirtschaft, 13. Aufl., Ludwigshafen.

Rich, Dennis/Martin, Dan J. (1997): The Role of Formal Education in Arts Administration Training, Guide to Arts Administration Training and Research 1997-1999, Washington, D.C.

Richards, Greg (2001): Cultural Attractions and European Tourism, Wallingford.

Rohde, Andreas/Engelsing, Lutz (2006): Gemeinnützige GmbH, Bonn.

Schierenbeck, Henner/Wöhle, Claudia B. (2008): Grundzüge der Betriebswirtschaftslehre, 17. Aufl., München.

Scheff Bernstein, Joanne (2007): Arts Marketing Insights. The Dynamics of Building and Retaining Performing Arts Audiences, Hoboken.

Scherm, Ewald/Süß, Stefan (2010): Personalmanagement, 2. Aufl., München.

Scheytt, Oliver/Beier, Nikolaj (2009): Begreifen, Gestalten, Bewegen. Die Kulturhauptstadt Europas Ruhr.2010, in: Kulturpolitische Mitteilungen, Nr. 127, S. 42-47.

Schnyder von Wartensee, Philipp (2010): Leadership und Komplexitätsmanagement, in: Kulturmanagement Magazin, Nr. 47, September 2010, S. 57-59.

Scholz, Christian (2000): Personalmanagement. Informationsorientierte und verhaltenstheoretische Grundlagen. Wiesbaden.

Schuster, Veronika (2008): Zwischen Bottom-Up und Top-Down, in: Kulturmanagement Magazin, Nr. 22, Juli 2008, S. 16-18.

Schuster, Veronika (2010): Kombination aus Fachkompetenz und Kulturmanagement, in: Kulturmanagement Magazin, Nr. 47, September 2010, S. 16-19.

Schütz, Dirk (2010): Personalmarketing und das Internet, in: Kulturmanagement Magazin, Nr. 47, September, 22-25.

Schreyögg, Horst/Koch, Jochen (2010): Grundlagen des Managements, Basiswissen für Studium und Praxis, 2. Aufl., Wiesbaden.

Seger, Bruno (2010): Das Curriculum im Fokus, in: Kulturmanagement Magazin, Nr. 45, Juli 2010, S. 9-10.

Senatsverwaltung für Finanzen (SWF) (2008): Haushaltsplan für Berlin für die Haushaltsjahre 2008/2009, verfügbar unter: http://www.berlin.de/imperia/md/content/senatsverwaltungen/finanzen/haushalt/2008_2009_band03_epl_03.pdf?start&ts=1286374283 &file=2008_2009_band03_epl_03.pdf, Stand November 2010.

Singer, Otto (2003): Die Förderung von Kunst und Kultur. Grundlagen und Formen der Kulturförderung und -finanzierung unter Berücksichtigung des internationalen Kontextes, in: Wissenschaftliche Dienste des Deutschen Bundestages, Nr. WF X–060/03, S. 1- 50.

Söndermann, Michael/Backes, Christoph/Arndt, Olaf/Brünink, Daniel (2009): Endbericht Kultur- und Kreativwirtschaft, Berlin, verfügbar unter: http://www.kultur-kreativwirtschaft.de/Dateien/KuK/PDF/doku-577-gesamtwirtschaftliche-perspektiven-kultur-und-kreativwirtschaft-langfassung.pdf (Stand November 2010).

Statistisches Bundesamt (2010): Kulturfinanzbericht 2010, Wiesbaden.

Steinecke, Albrecht (2007): Kulturtourismus. Marktstrukturen, Fallstudien, Perspektiven, München.

Steinecke, Albrecht (2002): Kulturtourismus in der Erlebnisgesellschaft: Trends, Strategien, Erfolgsfaktoren, in: Geographie und Schule, 24/135, S. 10-14.

Stock-Homburg, Ruth (2008): Personalmanagement. Theorien – Instrumente – Konzepte, Wiesbaden.

Theater Magdeburg (2010): Wirtschaftsplan 2010, Magdeburg.

Thommen, Jean-Paul/Achleitner, Ann-Kristin (2006): Allgemeine Betriebswirtschaftslehre, 4. Aufl., Wiesbaden.

UNESCO (1982): Erklärung von Mexico-City über Kulturpolitik, verfügbar unter http://www.unesco.de/2577.html (Stand November 2010).

Ünlü, Semiha (2010): Aus für junges Tanztheater?, in: Rheinische Post vom 23. Oktober 2010, S. C5.

Weckerle, Christoph/Söndermann, Michael (2003): Kultur.Wirtschaft.Schweiz. Das Umsatz- und Beschäftigungspotenzial des kulturellen Sektors. Erster Kulturwirtschaftsbericht Schweiz. Online im Internet: http://www.kulturwirtschaft.ch/Forschung/Schlussbericht.

Wingert-Beckmann, Christine (2009): Kulturhauptstädte Europas, in Kulturpolitische Mitteilungen, Nr. 127, S. 63.

Witt, Martin (2000): Kunstsponsoring. Gestaltungsdimensionen, Wirkungsweisen, Wirkungsmessungen, Wiesbaden.

Wöhe, Günter (2010): Einführung in die Allgemeine Betriebswirtschaftslehre, 24 Aufl., München.

Wolf, Karin (2010): Personalentwicklung in Kulturbetrieben, in: Kulturmanagement Magazin, Nr. 47, September 2010, S. 13-15.

Zimmer, Annette/Priller, Eckhard (2007): Gemeinnützige Organisationen im gesellschaftlichen Wandel, Wiesbaden.

Umfassender Überblick zu den Speziellen Soziologien

> Profunde Einführung in grundlegende Themenbereiche

Georg Kneer /
Markus Schroer (Hrsg.)
**Handbuch
Spezielle Soziologien**

2010. 734 S. Geb. EUR 49,95
ISBN 978-3-531-15313-1

Erhältlich im Buchhandel
oder beim Verlag.
Änderungen vorbehalten.
Stand: Juli 2010.

Das „Handbuch Spezielle Soziologien" gibt einen umfassenden Überblick über die weit verzweigte Landschaft soziologischer Teilgebiete und Praxisfelder. Im Gegensatz zu vergleichbaren Buchprojekten versammelt der Band in über vierzig Einzelbeiträgen neben den einschlägigen Gegenstands- und Forschungsfeldern der Soziologie wie etwa der Familien-, Kultur- und Religionssoziologie auch oftmals vernachlässigte Bereiche wie etwa die Architektursoziologie, die Musiksoziologie und die Soziologie des Sterbens und des Todes.

Damit wird sowohl dem interessierten Laien, den Studierenden von Bachelor- und Masterstudiengängen als auch den professionellen Lehrern und Forschern der Soziologie ein Gesamtbild des Faches vermittelt. Die jeweiligen Artikel führen grundlegend in die einzelnen Teilbereiche der Soziologie ein und informieren über Genese, Entwicklung und den gegenwärtigen Stand des Forschungsfeldes.

Das „Handbuch Spezielle Soziologien" bietet durch die konzeptionelle Ausrichtung, die Breite der dargestellten Teilbereichssoziologien sowie die Qualität und Lesbarkeit der Einzelbeiträge bekannter Autorinnen und Autoren eine profunde Einführung in die grundlegenden Themenbereiche der Soziologie.

www.vs-verlag.de

VS VERLAG

Abraham-Lincoln-Straße 46
65189 Wiesbaden
Tel. 0611.7878-722
Fax 0611.7878-400

Über den zentralen Ökonomen und Soziologen Max Weber

> Zur Soziologie der Wirtschaft

Andrea Maurer (Hrsg.)
Wirtschaftssoziologie nach Max Weber

Andrea Maurer (Hrsg.)
Wirtschaftssoziologie nach Max Weber
Gesellschaftstheoretische Perspektiven und Analysen der Wirtschaft

2010. 285 S. (Wirtschaft und Gesellschaft) Br.
ca. EUR 34,95
ISBN 978-3-531-16770-1

Der Band ‚Wirtschaftssoziologie nach Max Weber' bündelt die Einsichten international renommierter SozialwissenschaftlerInnen und zeigt, wie „nach" Max Weber eine theoretisch fundierte und empirisch fruchtbare Soziologie der Wirtschaft aussehen kann.

Neben methodologischen Prinzipien stehen auch die Leitbegriffe Webers auf dem Prüfstand und wird erstmals die Heuristik Webers bei der Analyse von Unternehmen, Konsum, Finanzmärkten, Religion u.a. im Lichte der neuen Wirtschaftssoziologie erprobt.

Mit Beiträgen von:
Richard Swedberg (Cornell), Zenonas Norkus (Vilnius), Mathias Erlei (Clausthal), Gertraude Mikl-Horke (Wien), Andrea Maurer (München), Jörg Rössel (Zürich), Anne Koch (München), Thomas Schwinn (Heidelberg), Uwe Schimank (Bremen) und Ingo Schulz-Schaeffer (Duisburg-Essen).

Erhältlich im Buchhandel oder beim Verlag.
Änderungen vorbehalten.
Stand: Juli 2010.

www.vs-verlag.de

VS VERLAG

Abraham-Lincoln-Straße 46
65189 Wiesbaden
Tel. 0611.7878-722
Fax 0611.7878-400

Printed by Books on Demand, Germany